FABLES,

CONTES

ET AUTRES POËSIES PATOISES.

Offert à M. [ ] *par l'auteur,*
comme un témoignage de son estime.

Martin fils

DE L'IMPRIMERIE D'AUGUSTE RICARD.

FABLES,

CONTES

ET AUTRES POËSIES PATOISES,

Par F. R. MARTIN fils.

————•◦•————

A MONTPELLIER,

Chez RENAUD, Libraire, à la Grand-Rue.

An XIII.—1805.

AVÉRTISSÉMÉN.

Un grand féble ày toujour agut
Per cé qu'on nômma Poèzia ;
Qué voulès ? Aco's ma mania ;
Émbe aquél bâoujun souy nascut.
Ioy dounc, dézuvrat coûma un Frâyre,
Ét tranquille chout moun couver,
Vole énsaja moun sâoupre-fâyre
Sus Fâblas ét Contes én l'air.
Avan dé débuta, permôïa
Sé noun tramble coûma ûna fiôïa,
Car mé cargue aqui d'un paquét
Qué pot mé jimbla lou coupét.
Ay pòou qué lou Chival Pégâza,
Quand yé sé[r]ây mountat déssus,
M'éscampe dédin quâouqua râza,
Ét mé fague éntourna camus ;
Ay pòou qué lou bloundin Phébus,
Lou qué sus lous poètas véïa,
Per yéou siègue un pâou du d'âouréïa,
Ét qué mé fague ésgouzïïa,
Sans per aco mây m'éscouta.

Mais pioy qué mé tâyzâ noun pode,
Ét qu'ây das vers la malâoutiè,
Vite ! Ancra, plûmas ét papiè,
Hazardén-nous, qué s'acoumode.
Tus, Mûza, prén toun clavécin,
Ét véjén dé nous métre én trin.

S'agis pas dé canta la gloîra
D'un Capitani dé rénoun,
Car l'Ampérur Napolèoun
Véndriè prou-lèou dins ma mémoîra ;
Mais, coûma ây pa bon gargatét,
Én cantan pourièy résta couét.
Lâyssén à dé miïous cantâyres
Éntouna, Mûza, aquél moutét ;
Aourén bé mardîou prou d'afâyres
Dé fa parla, noun pa lous Cats,
Lous Rèynars, lous Chis ét lous Rats,
(Quand on a lénga bén pénjâda
Coûma tout aquéles ouvriès,
On pot bé fàyre la charâda
Ét bâyla quâouques quolibès.)
Mais sé fazèn parla Lingâstas,
Para-sols, Manchouns ét Véntoirs,
Qu'an pas ni léngas ni parloirs,
Sérén mén sots qué dé banâstas.
(Baste lous lécturs dîgou pa
Qu'aco's un pâou trop sé vanta.)

Fa parla muts és dificille,
Ét démânda quâouqu'un d'habille ;
Mûza, qu'aqui véze d'émbouls,
S'Apolloun ioy nous quîta souls ?.....
Apolloun, Sént d'ancièna soûca,
Toun noum és sourtit dé ma boûca !
Yéou, déspioy vint-ans bon Crétièn,
Prégarièy ioy un Sént Païèn !
Réjétouns dé moun prémiè Pèra ,
O vâoutres ! Sénts récounougus
Per Roûma, la Glèyza ét sous us,
Anés pa vous métre én coulèra,
Car vous oublidarây pa-pus.
Yon dounc dé yéou, Sénts fabulouzes !
Sès pa-pus qué dé mourvélouzes,
Pas qu'ùna bânda dé vâourièns,
Près dé nostres grands Sénts Crétièns.
Ét tus, énfan dé la bézâça,
SÉNT-FRANÇOIS, moun brave patroun,
Qu'âou Paradis, én réng-d'ougnoun,
Près dé Madélèna as prés plâça ,
Escûza âoumén, sé sans façoun
Vène té démanda la grâça
Dé mé soufla quâouque fioun :
Peraport à toun caractèra,
Sé Madélèna vouïè pa
Té permétre dé fabrica

Quâouque Conte dé vièïa guèra,
As amoun-d'hâou, dins un cantou,
Un famous moussu LA FONTAINA,
Qu'én dépit dé la râça humèna,
Y'és plaçat, on pot pas miïou:
T'én prègue, AMI, cerca-mé lou.
Aquél, quand èra sus la tèra,
Faziè dé Contes tan poulis,
Ét pénchinas d'ûna magnèra
Qu'éncâra né sèn énclâouzis.
Diga-yé qué François lou prèga,
S'âoutramén soun tén noun émplèga,
Dé yé manda coûma faziè,
Quand dins lou tén émbe sas Fâblas
Tout l'Univèrs énclâouzissiè;
Ajén lou sécrèt dâou méstiè,
Alors né farây dé passâblas.
Diga-mé yé, qué sé yé nây
Quâouque bon mot, quâouqua tournûra
Qué pogue, én l'énzéngan dé biây,
Dins un Conte fâyre figûra,
La bâyle à moun ANGE-GARDIÈN
Qu'éspère dins la gnoch qué vèn.

———————

FABLAS

EN VERSES LANGUEDOCIENS,

PATOIS DÉ MOUNTPÉÏÉ.

PRÉMIEYRA PARTIDA.

FABLAS IMITADAS.

PROLOGA.

FABLA PRÉMIÈYRA.

L'Éléfan ét lous Animâous.

Dins aquél tén, ounte alors lous Surgèns
As Animâous coupâvou lou sou-lénga,
Un Éléfan proufitèt das mouïèns
Qu'aviè dé s'anounça, per fàyre soun harénga

A mîla ét quâouques Animâous ,

Qué trouvèt clafis dé défâous.

Un cèrtèn jour vous lous assémbla ,

Dins un bos , chout d'aôubres ramas ,

Per yé dire anfin qué yé sémbla

Qu'an bézoun d'èstre un pâou doundas.

D'abor, d'un tour dé Troûmpa à toûta l'assémblâda

Déstaquèt un pichot salut ,

Qué yé séguèt fort-bén réndut ;

Et pioy , d'ûna vois éscâoufâda ,

Un-hoûra âoumén , sans préne halé ,

Y'én déscourdurèt adéré

Déssus sa conduîta passâda.

Flata dé l'Oratur èra pas lou défâou :

Chacun ajèt tabé soun brave cé qué fâou.

Hardit d'abor sus l'Insoulénça

Né toumbèt à bras racoursit ,

Ét , tout passan , d'un tour d'ésprit

Né rambourèt la Médizénça.

Sus fôça soun discour faguèt prou d'impréssioun :

L'Agnèlou , la Tourtourèléta ,

La travaïâyra Fourniguéta ,

Lou Chi dé câssa ét la Lâouzéta

Trouvèrou qu'aviè fort rézoun ;

Mais lous âoutres dé l'Assémblâda ,

Qué sé séntissièn bén fissas

Dé trop âouzi dé véritas ,

Avièn l'âouréïa un pâou laïàda
Ét la moûsca pa yon dâou nas.
Tigres ét Loups yé môstrou las génjîvas :
« Prénd, sé té plày , un toun pus doux
» Ou sinoun té coupan én dous ,
» Sé cèsses pas tas énvéctîvas. »
Lou Lazer, qu'és pas habéstit ,
L'énzénguèt, ét tout dé roustit ;
Mouyssâou , Taban ét Vèspa vénimoûza,
Toûta la bânda roundinoûza ,
Yé brounzinèrou tant âou tour
Qué pénsèrou lou réndre sour ;
La Cigâla ét la Sâoutarèla ,
Qué languissièn dé biïarda,
Fan sémblan dé sé passéja
Ét zac . . . . yé môstrou la sémèla ;
Lou Rèynar, qué n'és pas un sot ,
Bîsca bé, mais sans quinqua mot ;
Anfin la Moustèla âou fin moure
Yé diguèt : « Savant Oratur ,
» Vous éscoutarièy dé grand cur ;
» Mais souy dé yon, és tard, ét pioy mé fàoudriè
coure :
» Énsi mé permétrés dé vous fàyre un glissè ,
» Salut, Moussu, salut, m'én vàou gagna dé piè. »
Mons l'Éléfan, sans sé métre én coulèra ,
Ét sans où préne trop âou vîou ,

Dé soun discour réprén lou fîou,
Ét finis d'aquésta magnèra.
« Quâou s'éntrévéy dins lou miral
» Qué vous ây moustrat én franchîza,
» Pot sé facha ; m'és fort égal :
» Rirây chout-cap dé sa bétîza.
» Lou Sage, après m'avédre âouzit,
» Sans jara, fara soun proufit;
« Ét lou Sot, énrajan, crévara dé malîça. »

Dins mas Fàblas, sans injustîça,
   Vâou critica
   Per courija ;
Tout fazén rire ét sans coulèra,
Yéou tire à vous éscoubiïa,
Vices, qu'habitas sus la Tèra.

FABLA II.

Lous dous Lapins.

Un Lapin certèn jour,
A traver dé bartasses,
Ét sans câouzi sous passes,
Galoupâva toujour :

Galoupâva és parés ;
Aourias dich qué voulâva.
Quand un ségoun, tout frés
Sourtiguén dé sa câva ,
L'arèsta hounèstamén :
« Camarâda , un moumén?
» D'ûna câmba âoutan lèsta,
» Ét d'un air âoutan gây ,
» Ounte vas , sé té plây ?
» Siès–ti dé quâouqua fèsta? »
» Pos bé tourna cuga ,
(Dis l'Aoutre) ét vézes pa ,
» Dins aquéla ramâda ,
» Dé Lévriès un-armâda,
» Qué lâyssou pa bartas
» Sans yé foura lou nas?
» M'an déssoutat, lous guzes !
» Mais ây lèou fach dé fuzes ;
» Justamén véjaqui
» Cé qué mé fây couri. »
» Véze bé sans lunétas
» Abal fòça éstafiès ,
» Mais counouysse à las qouétas
» Qué soun pas dé Lévriès. »
» Qué soun dounc ? « Ay la bèrlûa ,
» Ou, dins aquéla cohûa,
» Véze pa qué dé Briqués ;

» Chis, d'ûna ména cruèla ,

» Bén counougûda per tèla

» Dins tout-aquéstes éndrés. »

» Vây, yé counouysses parés ,

» Et siès pas un famous Sire ;

» Moun Cher, yéou t'ou torne dire,

» Aco soun bén dé Lévriès. »

» Pér yéou , Briqués lous soustène ,

» Amây moun dire mantène :

» Vèni , sarén-nou'n pu-près. »

   Tandis qué d'aquéla sôrta

Charâvou lous Lapinous,

Briqués ou Lévriès , n'impôrta ,

Lous acîpou toutes dous.

   Avis à Las ét à Lous ,

Qué dé la boûca sourtissou

Dé mots qu'à rés n'aboutissou ,

Ét qu'à toutes lous cantous

Dégâougnou lous Lapinous.

FABLA III.

Lou Grapâou ét lou Chot.

Din lou trâou d'un vièl âoubre un Chot sé
    réscoundiè ;
Un Grapâou qué dâou sôou toutéscas lou véziè,
    Tout coufle d'insoulénça ,
    A lou mourga couménça.
« Métès (s'ou dis) vôstra fâça âou grand jour ,
   » Ét qué véjén sé sès poulit ou lour ?
   » Coûma ! dé vous moustra, Bèl Aoussèl, âourias
    hoûnta ? »
Quand din lou bèc dâou Chot la réplîqua vèn
    proûnta ;
   Ét, sans sourti la tèsta dé soun trâou ,
   Né réspoundèt à l'insoulén Grapâou.
   « Mé vante pa d'un fort poulit vizage ,
   » Mais atabé souy encâra prou sage
    » Per fugi lou trop grand jour ;
    » Mais Vous qué fazès toujour
   » L'Ollibrius ét vantas vôstra grâça ,
   » Ét qué hidous , ravalan vôstra fâça
   » Dédin la fânga ét l'âyga das Valas ,

» Dé vous mouca dé yéou yous avizas ,
» Farias miïou dé vous tâyza , Pécôra !
» Ét dé résta réscoundut chout la Bôra ;
» Crézè-mé , proufitas d'aquél mot dé liçou,
» Trop âymableGrapâou,vou'n trouvarés miïou.»

Qué y'a dé Géns , sus la tèra ,
Qu'an la môrga dâou Grapâou !
A tout déclârou la guèra ;
Mais counoûyssou pa soun mâou.

FABLA IV.

Lou Canar ét la Ser.

Sé vanta qu'én tout méstiè
On és d'ûna mèma adrèssa ,
L'Home un pâou sage ou counfèssa,
És ûna grânda fouïè.
Un Canar , enclâouzit dé soun briïan coursage,
Dé soun long col ét dé soun bèou plumage ,
Métèt dé coustat la liçou;
Tant dé Géns pénsou pa miïou !
Près d'ûna mâta dé bôra ,
Ét sus lou bord d'un Éstan ,

La mitat dàou corp défòra,
Sus l'àyga sé réfréscan,
Lou Drolle antáou sé parlâva :
» Counvène qué lou d'én-hâou
» M'a fach un bèl Animâou !
(Sus aco s'éstaziâva.)
» Qué perméne dins l'âyga, ou perméne dins l'air,
« Qué marche, voule, ou nade, ây toujour prou
      » bon air,
      » Ét gn'apas un pus ésper. »

Una Ser qu'èra din la mâta ,
Éscoutan moussu lou Canard ,
Lou sôna d'un cop dé soun dard ,
Ét dâou couménçamén lou flâta ;
Pioy yé parlan d'un air dé sén ,
» Pos bé (s'ou yé diguèt) tan fâyre l'impudén ,
      » Ét tant vanta toun sàoupre-fâyre ,
      » Pâoure sot, tâyza-té , pécâyre !
      » Courisses-ti coûma un Lapin ?
      » Nades-ti coûma lou Réquin ?
      » Ou din soun vol passes-ti l'Ègla ! »
Atrâpa, Canar, per ta règla.

FABLA V.

Lou Councer das animáous.

Daou Rèy Lioun un jour èra la fèsta.
Toutes lous Animáous yé fàyre un dét dé cour
     Courîssou d'ûna câmba lèsta,
Ét per fourma *chorus* s'oufrîssou tour à tour.
     L'Ours és nounmat mèstre dé la muzîca :
     Ét dégourdit , côuma lous Ours ou soun ,
     Nostre Amatur à tout rénja s'aplîca.
Lou Drolle crézéguèt dé passa per luroun ,
Sé métiè dé coustat, ét Merle , ét Cardounîa ,
Ét Canâri , Sérin, Ninôta amây Verdoun ,
Tout cé qué suivan él tant ét tant mâou brézîa.
     « Coûma né vâou surpréne lou Lioun !
     » Quante bon gous! tout-âra sus l'éstrâda,
     » Van sé plaça toutes lous Muzicièns,
     » Déspioy vint-ans famouzes Praticièns ,
     » Ét qu'an dounat mây d'ûna sérénâda.
     » Gn'a per bava , pa qué dé lous âouzi ;
     » Ay éscoutas!.... mourisse dâou plézi
» D'avédre dé chacun tant bén câouzit la plâça. »
     És vrây : lou Gril chisclâva dâou fâoucét,

Aou poun dé s'éscana soun pichot gargatéi;
L'Aze ét lou Porc fan brounzina la bâssa,
Dé tant bon biây qué né pôdou pa pus;
Granoûïa émbe Grapâou fazièn lous dous déssus.
Anfin dé qué pode vous dire;
Tout lou Mounde és din lou martire.
Chacun, dé las dos mans sas âouréïas tapan,
S'ésgouzîïa à crida, m'éscourchas lou timpan!
Avouarây qué jusqu'alors éncâra
N'avièy p'âouzit un tant grand tintamâra.
Lou Gril chisclâva én Si, l'Aze bramâva én Sol,
La Granoûïa én Dièza, ét lou Porc én Bèmol.
Quand lou Grapâou, d'ûna vois énrâoucâda,
Sé métèt à crida « Lou bèou Charivari
« Qu'éntre toutes, méssius, n'aôutres fazèn âyci?
« Vous apercévès-pa qué dé nôstra assémblâda
« Un tier a biïardat ét l'âoutre vây dourmi?
« L'Aze cânta tant fâou; gn'a per éstavani! »
Aquéste yé réplîca: « Aco's dâma Granoûïa,
« Qué tîra dâou finfoun dé sa coûfla panoûïa
« Un soun tout râoufélous; sàyque dirés
qu'ây tor? »
« És pa yéou; cante juste: aco's pulèou lou Porc,
« Énténdès, Insoulén! » réspon la râouféloûza.
Quand lou Porc, rélévan ûna nîfla trougnoûza;
Quâou fày lou bacanal? pot pas èstre dégus,

«(S'ou dis) qué lous Tabans ; yé fàou toumba
 déssus. »

« Bàrbâras Muzicièns , dé trége à la dougéna,
(Yéréspond lou Lioun qué n'és pa piètadous)
«A canta , crézè-mé, perdés pa vòstra péna ;
 » Mais prénès-gârda , ét filas doux ,
» Yéou pourièy bé dàou cant vous fa passa lou
 » gous.
 » Anén , anén , fòra , Bànda dé guzes !
 » Gagnas la pôrta , ét fazès-né dé fuzes ;
 » Car languissèn , Médâmas ét Méssius ,
 » Qué nous fagués véyre sé sès boussus.»

 Qué per ûna dòcta Assémblâda ,
 Un ouvrage âou public livrat ,
 Ounte chacun a travaïat ,
 Aje bèoucop dé Rénounmâda ,
Dé la gloîra chacun arâpa sa pourcioun ;
Mais sé l'Ouvrage hélas ! mouris avan dé nâysse,
Yéou yé souy paper rés , dins aquéla ocazioun,
 Dis châqua Mémbre : à soun Aoutur lou
 lâysse ;
L'Aoutur... ah cerca-lou?.. sé lou trouvas sès fins,
L'un à l'âoutré perlors sé mândou lous boudins.

FABLA VI.

Lou Para-sol, lou Véntoir ét lou Manchoun.

Qu'un Home sé digue famous
Aoutan âou bats coûma à la sèla ,
M'én fagués pas ûna nouvèla ,
Car gn'a pas un , mais dé moulous,
Coûma én éstiou de Parpaïous.
S'aco's èstre un pâou ridiculle ,
Permétrés bé qué vous ésculle,
Qué gn'a fôça qu'an lou défâou
.Dé fàyre pa bén qu'ûna câouza ;
Après ûna pichôta pâouza,
Vous yé vâou douna, coûma fâou ,
Una liçou qué séra clâouza.....
Lou Para-plôcha ou Para-sol un jour,
Fazén un moussèl dé discour,
Sé né fâou créyre ma Grand-mèra,
Aou Véntoir amây âou Manchoun,
(Léctur un pâouquét d'aténcioun)
Couméncèt d'aquésta magnèra.
« Vénès, Méssius , qué rézounén.
» Sé per passàdas sès utilles,

» Avouas qué lou pu souvén,

» Din l'éstuit dourmicès tranquilles.

» Tus, Manchoun, âou fort dé l'hiver,

» A las mans pares un pâou l'air,

» Ét toun Mèstre perlors t'alîza :

» Lou bonDiou mantèngue la bîza!

» Car sé lou tén sé mét âou doux,

» Gâra l'éstuit ! papus d'hounous.

» Ét tus, Véntoir! à toun tour pâssa ;

» Vite ! déscâmpa dé la yâssa :

» Car lou Sourél éstabourdis,

» Ét lou câou las fénnas roustis ;

» Ara sérés fort bons amis :

» Gâra sé vèn la Trémountâna,

» Qué n'és pa ni bôna ni sâna!

» Adiou, Véntoir, counsoula-vous,

» Vòstra plâça és as tiradous.

» Vézès, san qué vire la fûïa,

» Qué chacun dé vâoutres per tour,

» Ioy fây plézi, déman anûïa :

» Un soul objèt plây pa toujour.

» *Perqué vous plazès châqua jour ?*

« Mé réspoundrés : vous ou vâou dire ;

» És qué Para-sol à mièjour ,

» Lou soir én Para-plôcha vire.

FABLA VII.

La Cardounîa ét lou Cigne.

» Coura anfin as prou cantat,
» Babiïârda Cardounîa?
» T'apercéves-pa, ma mîa,
» Qué déja m'as énsourdat?
(Diguèt un jour certèn Cigne
  Impudén lou pus énsigne)
» Ét podes-ti té vanta
» Miïou qué yéou dé canta ? »
Mais la doûça Cardounîa
Lou lâyssa sé dépita,
Ét, san yé rés réplica,
Dé pu fort tourna brézîa.
Lou Cigne, alor pu furious,
Vénguèt dé mîla coulous.
« Ay mardiou quânta insoulénta!
» Dé m'énmasca noun counténta,
» Dirias qué mé vôou mourga.
  (Ét sus aco d'énraja)
» Rénd grâça à ma moudéstîa :
» Éla soûla mé rétèn;

» Sans aco, ma Cardounîa ,
» Énténdriès un Muzicièn
» Qué té vâoudriè bé, ma mîa ! »
» Baste lèou : quante plézi ,
» Sé ta vois poudièy âouzi ;
» Per âoumén juja yéou-mèma
« D'un cant qué dizou tant doux ,
» Qu'émbalâouzis jusqu'as Loups ;
» Moun bonhur sériè suprèma !
» Prounarièy à tout moumén
» Lou Cigne ét soun doux ramage.
» Toussis... crâcha.... anén , anén ,
» Amic , un pâou dé courage. »
Lou Cigne alor , qué pot pa berguigna ,
Prénd soun partit, ét s'énsaja à canta ;
Mais dé soun col ésperloungat ét magre
Né sourtiguèt un soun talamén agre ,
　Qué la Cardounîa âou sôou
　S'anèt réscondre dé pôou.

Fôça Géns émbe impudénça
Sé dônou fôça sciénça ,
Qué sé lous prénès âou mot
Trouvas souvén pa qu'un Sot.

FABLA VIII.

La Mounîna ét soun Mèstre.

Pais...aténcîoun, Léctur; té vâou counta
Cé qué Faguèt ûna vièïa Mounîna,
Fort dégajâda, ét fort soûpla ét fort fina,
Ét qué jamây lâyssâva pa toumba
Nozes ou pan qu'on poudiè yé jita.
« Véjén, (s'oudis) din ma cervèla,
» Dé prépara quâouqua fârça nouvèla.....
» Mais un moumén.... s'anave m'énbouïa,
» Ét sus lou corp m'atira quâouque afâyre ?
» Ho ! pa tan sôta ! ét mé vâou counténta
»Dé métre én trin cé qu'âou Mèstre ây vis fâyre»
Cé qu'és dich séguèt fach ; ét réda sus un ban ;
Né débanèt pirè qu'un charlatan.
(1) « Entrez Messieurs et Mesdames,
  » Entrez donc ici dedans ;
  » Venez voir Maris et Femmes,
  » Ce spectacle surprenant. »

---

(1) C'est pour imiter le langage des Baladins que le
français est un peu estropié dans cette Fable.

La Mounîna alors întra, ét dé suita s'aplîca
A rénja d'àou miïou la Lanterna magîca.
Véjayci lou moumén lou pus intéréssan.
Deriès la plâncha anfin la parlûza és quiïâda,
 Ét, yé vézén pa pu yon qué soun nas,
 Yé vénguèt pa din sa coûrta pénsàda
 Qué lous objès, su lou véyre pintras,
    Sé véyrièn pas,
 Sé la Lanterna èra pas esclàyrâda.
Sé crézén fort àou fèt, fièra coûma artaban,
A sa lénga la Sôta alor dòna lou van.
 « Pour la première partie,
 » je m'en vais vous faire voir
 » Sous le feu Troie engloutie,
 » Et Priam au désespoir :
 » Voilà le vaillant Achille,
 « Ravalant Hector trois fois
 » Autour des murs de la Ville ;
 » Voilà le Cheval de bois. »
Chacun la boûca béânta,
Dis : dé qué diantres nous cânta ?
« Dé tout cé qu'aqui nous vânta,
« Gn'a pa mây qué sus la man ? »
Ét Toutes, én gruméjan,
Anâvou sarci l'esquîna,
Ét fa passa gous dàou pan
A l'insolénta Mounîna,

Qué, coûma un voulur, tramblan,
Né faziè prou pâoura mîna.
Quand per môïa, à poun nounmat,
Avant qu'aco s'éscâoufèsse,
Ét qué malhur arivèsse,
Lou Mèstre vèn; éstounat,
Dé véyre aquél mounde assémblat,
Démânda qu'és arivat.

« És, (dis chacun) és aquéla couquîna,
«Qué nous vèn d'éscrouca douje soôus, ét pa mén,
« Per nous fa parés véyre; aco's fort insoulén. »
Lou Mèstre alors âou fèt fây véni la Mounîna.
« Imbécîlla qué siès! à déqué t'an servit,
« Tant dé babil, tant dé frèsses d'ésprit?
« Avant dé séca sa pétrîna,
« Ét per parés fâyre dé fun,
«Din sa lantèrna un-âoutra âouriè fourat de Lun.»

L'avièy proumés, aqui moun Conte;
Fây-né, Léctur, ou né fagues pa compte;
Ay cercat à prouva lou mot dé Mountpéïè,
« Sabaṭiè fay toun méstiè. »

——————————————

~~~~~~

FABLA IX.

Lou Magnan èt l'Estérigâgna.

Un Magnan à soun coucou
Abèles pâous travaïâva.
Dé réscoundous, dins un cantou ,
Un' Éstérigâgna éspinjâva ;
Ét lou véy qué sé déssuzâva
Émbe lou bout d'un moucadou.
» Pardîou (yé dis aquéla hardîda)
» Moun Ami , toûta vôstra vîda ,
» Sérés pâoure âoutan coûma Job ,
» Sé sès tant long ? la câouza és inouïda !
» Fazès ma môda ; âou grand galop ,
» Téysse ma tèla , ét bén poulîda !
» Souy pas én trin qué d'aquéste mati ,
» Et vous prouméte , sans ménti ,
» Qu'à mièjour , âou pu tard , l'âourây fort bén
finîda.
« Régardas , moussu l'arpaïan ,
« Aco n'és pa lou traval d'un Magnan?
« Sès-pas émbalâouzit dé sa trâma crouzâda? »
« Avès rézoun , amây cént fés rézoun ,

« Ouvrièyra habîlla , âoutan qué récercâda ;
(Yé réspon l'âoutre émbe soun pichot toun)
  « Châqua fés qu'âourés ocazioun
  « Dé vanta vostre sâoupre-fàyre ,
  « Réstés pas én erïès : pécâyre !
  « Aco's ûna counsoulacioun.
« Per lous à quâou dégus fày pajés d'aténcioun.

FABLA X.

L'Aze ét la Flabûta.

Un jouyne ét dégajat Pouli ,
Aoupétan lou long d'un cami ,
(Ayço's pas ûna baliverna)
Cercâva ûna téndra luzerna ,
Per un pâou soun véntre éspoumpi.
Hazar déçây délây lou bûta :
Anfin , à fôrça dé sénti ,
Lou nas d'aquél jouyne Pouli
S'éndévèn sus ûna Flabûta
Qu'un Pastre a toumbat peraqui.
Lou Pouli, qué sé trôva én dânsa,
La séntis, yé nîfla déssus ,
Aoussa las bâtas én cadânça ,

Ét din sa jôïa él sap papus
S'a bézoun dé rampli la pânça.
Dé las narînas sourtiguén,
L'halé, per hazar justamén,
Dé la Flabûta, én soun passage,
Lous trâous à mervèïa énfilèt;
Ét l'Aze, pus hurous que sage,
Dé sâoupre jouga, crézéguèt,
Ét per habille sé dounèt.
» démandés papus s'és poussible
» (Né cridâva-él) qu'un Aze sible;
» Car aco's bén la véritat
» Qu'un Aze âoujóurdîoy a siblat.
» Courissès toutes ! vénès véyre !
» Ay bén siblat, où poudès créyre.
» Dirés papus : l'*Aze és un sot.* »
Mais dé l'hazar quinquèt pa mot.
On véy peraqui qué pot èstre,
Qué l'Home lou pus habéstit
Per hazar trove un tour d'ésprit,
Ét passe pioy per un grand Mèstre.

FABLA XI.

La Fúra ét lou Cat.

Un certèn jour, ûna pichôta Fûra,
   Qué créziè bén fermamén
   D'avédre cagat lou sén,
Métèt soun ime à la tourtûra,
   Per acoucha péniblamén
   D'aquéste bèou rézounamén.
   » Y'a parés, âoumén qué crézégue,
   » Déoure èstre jamây préférat
» Chout la câpa dâou cièl à la Fidèlitat ;
   » Ét parés qué mây mé plazégue.
   » És per aco, qu'à la fouïè ,
   » Ayme surtout lou Chi dé cássa. »
Un Cat, qué peraqui nôstra Fûra âouzissiè,
Yé dis : « qu'avès d'ésprit ! qué parlas émbe grâça !
» Dès qu'aquéla Vertu, ma Miga, vous fây gâou,
» Ayma la dounc én yéou ; d'èstre fidèl mé pique :
   » A chaqu'un d'ou prouva déspioy lon-tén
      » m'aplique. »
   A la vois dé Mîaoumîaou ,
Nôstra Fûra âou pu lèou s'énfila dins soun trâou ;

Ét pioy d'aqui, prèsta à sé trouva mâou,
Ét dé l'ésfrây encâra miècha môrta ,
Aou fin Catas réspoundèt dé la sôrta.
» Sé la Fidèlitat a fach pate émbe tus ,
» Né vole pas mây sâoupre; ah ! yéou l'àyme
        » papus. »
L'Home és dé la mèma énjénça
Qué lous aôutres Animâous :
És michan', plé dé défàous ,
Sôunja pa qu'à la véngénça ;
Quand s'agis d'un bon Ami ,
La louânja qué créy jùsta ,
Yé paréy la pus injùsta ,
Sé s'agis d'un Énémi.

FABLA XII.

Lou Biôou ét la Cigâla.

Un bîoou jouynas, âou pè pâoutut ,
L'aráyre après él ravalâva ,
Ét , déspioy lou Sourél nascut,
Émbe fòça adrèssa lâourâva ,
Sans fâyre un soul séïou tourtut.
Quand tout d'un cop ùna Cigâla

Dé déssus un âoubre davâla :

» Vira-té mardi, fichut Porc ;

(Yé diguèt aquésta insoulénta)

» A toun Mèstre pourtarây plénta ,

» Ét té farây chapla lou corp.

» As bézoun qu'on t'ou vèngue dire ?

» T'apercéves pa , pâoure Sire ,

» Qué la réga qu'àra as finit

» És dé travès ? O l'abéstit ! »

lou Biôou s'arèsta , ét yé réplîca :

» Tâyza-té dounc , mén dé critîca ;

» Avouaras , san berguigna ,

» Qué la tourtûda véyriès pa ,

» Sé las âoutras régas tirâdas

» Èrou pa tant dréch alignâdas ,

» Coûma s'avièy prés un courdèl ;

» Dôna yé toun cop dé nivèl ? »

Eh bé ! Savans Parlurs , Méssius dé la critîca ,

Ma Fâbla , souy ségu , vous dòna la coulîca ?

Vâoutres , qué for souvén per un pichot défàou ,

Toumbas sus un Aoutur , lou ploumas , mais

dé pîca !

Én yé bâylan soun brave cé qué fàou ,

Sans yé plani lou pévre ni la sâou :

Vézès à quâou , per quâou ,

Sé trouvèt adréssâda

Una liçou tant désplacâda ?

4

Aou Bîoou, qué n'a pa soun égal,
Ét qu'és un cézar dé traval,
Per la Cigâla mây qué tôgna,
Qué sâoutiïéja tout l'éstiou,
Sans répéta jamây qué sa mèma sansôgna,
Ziou, ziou, ziou, Dé qué mây? *Ziou, ziou, ziou.*

~~~~~~

FABLA XIII.

Las Abéïas ét las Vèspas.

Un bon mati dé sùbre son
Las Vèspas sé dérévéïèrou.
Sé crézén bônas à quicon,
Émbe grand canclan s'assémblèrou;
Et las qu'alors s'imaginèrou
  Dé né saôupre dé pu long,
  Las prémièyras caquétèrou.
» Fâou rénja nostre bataclan
» Dé magnèra (s'ou dis) à fourma nostre issan,
» Baniguén âou-pulèou nôstra ancièna indou-
      » lénça :
  » Ét moustrén nous dins aquésta ocazîoun ;
» Dé l'abéïa âoujourdioy ramâyzén l'insoulénça :
  » Faguén dé brésca, Amîguas, à foizoun!»

Chacûna alors vôou fâyre la vaïénta.
Ay ! qué dé mèou, mas Géns ! gâra davan !
A né juja per lou fioc qué yé van ,
On poudiè bé, sans jés dé crénta ,
Créyre qu'én mèou la tèra chanjaran.
On sé sériè bén troumpas cépandan :
   Car nôstra Troûpa tant vantôta
   Faguèt papurés qué dé fun ,
   Ét châqua Vèspa , fort capôta,
Ajèt un pan dé nas, ét véjèt soun bâoujun.
   Dé qué té fan ? per farda sa bétîza ,
   Sé métou vite én grands frèsses d'ésprit ;
   Ét, quand anfin toûtas an réfléchit,
   S'avîzou d'ûna, ô per môïa prou grîza !
Aou foun d'un Panthéoun, van énléva san lun
(Car per dé Panthéouns, las Béstiôlas n'an un)
   D'ûna Abéïa la carcâssa,
   Qu'én rén-dougnoun tégnè sa plâça,
   Ét qué sé yé trouvâva bén.
   Las Dâmas Vèspas hardimén ,
   Coûma s'èra ûna dé sa clîca,
   Aou soun d'ûna bèla muzîca ,
Vantou dé la défûnta ét la cîra ét lou mèou ;
   Ét pioy un oratur, én poûmpa,
Fây un discour tant élouquén, tant bèou ,
   Qué tout lou mounde sé yé troûmpa.
Quand ûna Abéïa, à quâou lou cariïoun

Aviè déja fach véni mâou dé tèsta ,
Éspincha per brandi lous âouturs dé la fèsta ,
Ét vous yé dis déssus lou pus hâou toun ;
« Éh bé ! Vèspas tant vanitoûzas ,
» Perqué tout aquél bacanal ?
» Sès déja lâssas dâou traval ?
» Aoumén né déourias èstre hountoûzas.
» Sâyque crézias , émbe dé trin ,
» Das brougnous rampli lou dédin ?
» Tournas cuga : vòstra fanfarounâda
» És ou pot pas mây désplaçâda ,
» Ét né vâou pas ûna goûta dâou mèou ,
» Qué , din moun trâouquét , souléla
» Et sans souna la troumpéta ,
» M'ocupe dé fâyre âou pu lèou. »

Qué y'a dé Géns qu'an la crézénça
Dé passa per Savans Ouvriès ,
Én citan émbe impudénça
Dé Savans sous dévanciès !
Qué d'aôutres , émbe sufizénça ,
Vous dizou : *Savèn tout ; Oh ! doutan pas dé rés ;*
Ét savou pas éncâra ounte soun sous cinq dés.

———

FABLA XIV.

Lou Vouïajur ét lou Chival dé lougage.

Un certèn Chival dé lougage
Dé civâda s'èra facit ,
Crézén dé fàyre un long vouïage ;
Aco n'és pas èstre habéstit.
Dé l'éstable à péna sourtit ,
Aouréïa réda ét tèsta fièra ,
Sé mét à parti véntre à tèra ;
Ét lou Vouïajur , éstounat ,
Diziè : « Pardi m'an pas troumpat !
» Et m'an réservat à l'âouberja
» Un gaïar qu'és bén découplat :
» N'âouráy pa bézoun dé ma verja ;
» Y'a plézi d'èstre bén mountat. »
Mais , coûma éncâra rézounâva.
Din sa mârcha déja lou Chival s'éntravâva ;
Ét tant ét tant brouncâva à châqua pas ,
Qué lou Vouïajur lèou , mafoi , né séguèt las.
» Yé métriès-ti dé malîça ?
» Espèra . . . . un cop d'éspérou
» Lèou m'én vây fàyre justîça ;

» Anén dounc , mardi ! trou . . . trou . . .

» Lou cop délon la pèl glîça ,

» Ét la Rôça vây pa miïou.

» Quânta Bèstia ! qu'és couquîna !

» Gâra , gâra toun ésquîna ,

» Tèsta dûra , ou pagaras

» Ét moun jor lèou tastaras. »

Mais la nouvèla Rocinânta ,

Sâyque per miïou l'éscouta ,

Sus sous quatre pèzes sé plânta ,

Sans voulé pu yon avança.

» Ni per aquéla , anara pa ;

» La fàoudra san doute assuca. »

La bastounâda alor séguèt tant fòrta

Qué chout lous cops toumbèt. . . ét cazi môrta.

» Dématis , quand as couménçat ,

» Faziès tant l'éscaraviïat ;

» Aourièy pa pénsat , à ta mîna ,

» Qué fàoudriè té chapla l'ésquîna ,

» Per té fâyre avança d'un pas :

» Créze qué tus t'én souvéndras ,

» Sé révènes dé la frétâda ;

» Ét , qué yéou tombe réde mort !

» S'avièy jamây pus la pénsâda

» Dé préne Chival , qué d'abord ,

» Coûma tus anariè tant fort. »

Lou séns d'aquéla Fàbla és pa bén dificille :
Vous lou làysse à dévigna ;
Savans, ét miè-Savans, Léctur lou mén habille,
Lou trouvarés, ét san gâyre sounja.

~~~~~~

FABLA XV.

L'Agâça ét la Mounîna.

Certèna Agâça à certèna Mounîna
Prou dératâda ét for fina
Ténguèt aquéste perpâou ;
Ét ménti d'ûna Agâça aco's pa lou défàou.
» Dîga-mé ? sériès-ti curîouza,
» Chèra Dâma dé Cùou pélat,
» Dé véyre coulléccîoun précîouza
» Dé caôuzas dé toûta bèoutat ?
» Vèni, né séras pa fachâda ;
» Mais pulèou toûta éstoumacâda
» Dé véyre un tant bèou moulounét
» Qu'ây fach deriès un cabinét. »
« Yéou créze qu'âyci, Ma brûna,
» Mé véndes dé vi dé prûna ,
» Ét qu'aquéla coulléccîoun
» Sérâ sujèta à câoucîoun,

» Mais ou vos, anén la véyre ;
» Qu'aje moun yol per témoin :
» Car én tout tout barragoin ,
» Mou fariès pas jamáy créyre ,
» Save pas d'ounte aco vèn :
» Marchén ver l'oustâou . . . yé sèn. »
L'Agâça alor , toûta jouïoûza ,
Couménça à tira dàou magot
La pâta ét lou bèc d'un Piérot ,
Un floc dé pénge fort rougnoûza ,
Un pouf, un os dé godigo. . . . . .
« Dé vi dé prûna tout aco !
(Yé dis la Mounîna én coulèra)
» Pioy y'avièy més lou nas , Ma Chèra ,
» Voulûra ! à dé qué té servis
» Tout aquél michan ramacis ?
» Oh ! qué yéou souy bé pus adréja !
» Ouvris tous yols , Ma Mîga , véja
» Din ma gôrja un grand boursicot :
» Aqui yéou né méte én rézèrva
» Mây d'un bon moucèl dé fricot ,
» Qué prou dé tén sé yé counsèrva ;
» Aqui yéou né loge à la fés
» Nozes et car ; mais quâouquafés
» Acasse aco's vrây sus lous dés.
» Vézes bé dounc , Margot , qué tus perdes
        tous passes ,

» Per fàyre un ramacis dé pëïas dé fatrasses ,
  » Ét qué moun pichot magazin
  » Countèn ét d'utille ét dé fin ? »
  A Margot la rézounûza
  Parlàva-ti soulamén ?
Aqui déchout y'a'na rûza :
  Car Mounînas d'aquél tén ,
  Ou moun pâoure ésprit m'abûza ,
  Déçarâvou pas las déns ,
  Ét quâouque Ézôpa , émbe adrèssa,
  A cercat à fàyre pièça
  A certèns Sots impudéns ,
  Grands acouchurs dé bétîzas ,
  Qu'éntassou mîla soutîzas
  Din dé livres , rèlamén ,
  Qu'an pa l'oùmbra dàou bon sén.

FABLA XVI.

L'Ours, la Mounîna ét lou Porc.

Sans Mèstres amây sans Vièouloun ,
Un Ours certèn jour s'énsajàva
A né dansa lou rigâoudoun;
Fort dégajat , coûma lous Ours ou soun ,

5

Déçây délây , nóstre ouvriè cambéjâva
Amây ségu dé la bôna· façoun.

 Ét , sé crézén un grand luroun ,
Sé virèt vèrs ûna Mounîna :
« Tus, (s'ou dis) qu'âymes la jouïna ,
 » Qué né dizes , Cûou pélat ?
 » Éspère qu'aco's dansat ?
 » Ét. . . . y'a parés qué s'éstrasse ,
 » Et lou prémiè Porc qué passe ,
 » Sans fâyre tant dé canclan ,
 » Batra miïou l'éntréchan.
 » N'és pas per té contradire ;
 » Mais lou Mèstre qué t'aprén ,
 » Dé ma part vây-t'én y'ou dire ,
 » Té râouba un pâou toun argén.. »
 « Tâyza-vous , mos dé Mounîna ,
 » Yéou véze , su vôstra mîna ,
 » Qué Dâma la jalouziè
 » Mét én trin vostre gouziè.
 » Es pas à vous qué m'én tène ;
 » Sès trop fâoussa : ayci lou Porc ,
 » Qu'és âoutan franc coûma l'or ;
 » Per juge yéou lou rétène. »
Lou Porc flatat sé métèt à crida :
« Bravo ! bravo ! déspioy qué mé counouysse
 » Jamây s'és vis , ni jamây sé véyra
» un Dansur coûma aquél, pas mèma à l'Opéra ! »

» Oh ! oh ! (sé diguèt l'Ours) souy pas un
 tortabouysse ;
» Ét quâou voôu trop prouva souvén proûva
 parés :
» Cûou pélat , én passan , m'a bâylat su lous dés,
 » Ét déséspioy dé ma sciénça
 » Avièy un pàou dé méfiénça ,
 » Car âoumén él és counouyssur.
 » Ah ! mais âra (per moun bonhur !)
 » Qu'un certèn éspèça d'Ouracle ,
 » Qu'ûna béstiâssa , anfin qu'un Porc
 » Mé porte déssus lou pinacle !
 » Aco's permôïa un pâou trop fort,
 » Ét pode bé vira la chânça ,
 » Car véze cla qué per la dânsa
 » Yéou déve pas èstre taïat ,
 » Lou Manit m'a trop éncénsat. »

Per tant pâou qué quâouqu'un sé pique d'èstre
 sage ,
Dàou mot dé l'Ours déou fàyre soun proufit ;
Vâou mây èstre réprés per un Home d'ésprit ,
 Qué s'un talos , un habéstit ,
A grands cops d'éncénsoir nous côpa lou vizage.

FABLA XVII.

La Granoüïa ét soun Fil.

Dessus lou bord d'un pichot gour ,
Una Granoüïa , certèn jour ,
Émbe soun Fil sé cagnardâva ;
Sus tout cé qué lous roudéjàva
Diziè soun pétas dé rézoun ,
Ét poun per poun tout ésplicâva
A soun Fil qué n'aviè bézoun.
Aquél sur-tout s'éstaziâva
Dé véyre , prôcha d'aquél trâou ,
Sus lous bords dé las Agarèlas ,
Dé Cânas tant dréchas , tant bèlas ,
Tant luzéntas qué fazièn gâou.
« Vèni , (dis la Granoüïa à soun Fil) vèni véyre
  » Cé qu'âouriès bélèou péna à créyre ?
  » Aco sémbla bé fach ésprès :
  » Vèni , sarén nous dé pu près
  » D'aquéla Câna tant luzénta ,
  » Et tant bèla ét tant aparénta ,
  » Qu'un cop dé vén vèn dé jimbla ;
  » A l'âyze pourén l'admira. »

Toutes dous alors s'én sarèrou,
Ét dédin la Câna éspinjèrou ;
Mais din quânte éstat la trouvèrou !
Dàma Granoûïa ou saviè déja prou ;
Soun Fil aviè pourtant bézoun dé la liçou.
   « Éh bé ! (yé diguèt la Granoûïa
Tout én râouféléjan , tout couflan sa panoûïa)
   « Din lou panèou, moun Fil , aviès dounat ; »
» Dé véyre un bèou défòra ères éstoumacat ;
   » Mais én dédin , diga, dé qu'as trouvat ?
   » Aprén , aprén , éntrémén qué siès jouyne ,
      » Ét souvèn té toujour ,
      » Qué poulit ou bén lour
      » L'habi fày pa lou mouyne (1).

~~~~~~

FABLA XVIII.

Lou Gal ét lou Rèynar.

Un Gal , fin coûma l'ambre ét déja vièl rouquiè ,
Sus ûna brânca d'aôubre un jour s'éspézouïàva ;

---

(1) Ces dix-sept Fables sont imitées d'IRIARTE , Poëte
Espagnol.

Quand un Rèynar lurat, qué saviè soun méstiè,
　　Dé déchout l'âoubre l'éncénsâva.
« Éntre naôutres (s'ou dis) aôurén papus garguil ›
» Car per aquésta fés la pès és générâla,
» Ét nous dévèn âyma coûma gril émbe gril ;
» M'an mandat per t'ou dire : anén vite... davâla...
　　» Déspacha-té, qué souy préssat ?
» Ét vole pa parti san t'avédre émbrassat.
» Ara dé soir, Ami, té counséïe per môïa
» Qué sans éspéra mây fagues un fioc dé chôïa. »
　　« Moun Cher (réspond lou Gal ruzat,
　　Qué fây sémblan dé douna din la bôssa)
　　» Aquéla pès qué tus m'as anounçat
» M'a fach fòça plézi, ma fort éstoumacat ;
» Sé mé trove pa mâou, s'én mânqua pa dé fòça :
» Mais yéou déviste abal dous ou trés Chis Lévriès,
» Qué ta Nacîoun ségu mânda coûma couriès ;
» Dé tant réde qué van, yéou jurarièy qué voûlou,
　　» Ét qué lous pèousses yé régoûlou.
» Ah pardi ! soun pa yon ; éspèra-t'un moumén :
» Ét toutes à la fés nous poutounéjarén ? »
« Salut (dis lou Rèynar) souy préssat, Camarâda :
　　» Un âoutre jour farén mây la charâda. »
　　　　Ét tout dé suîta nostre ouvriè
　　　　Couméncèt à gagna dé piè ;
　　　　Fort mouquét d'aquéla avantûra,

Aou diable âouriè vougut sâoupre toutes lous
    Chis ;
Lou Gal cacalacèt dé fort bôna apétis,
Et répétèt souvén lou prouverbe qué dis,
  » *Fin cóntra fin váou parés per doublúra.* »

FABLA XIX.

La Fourníga et la Paloúmba.

L'un l'àoutre ajudén nous dins aquéste bas
    mounde :
L'hôura vèn ounte on a bézoun dé soun vézi ;
    Ét per proûva d'aco mé founde
    Sus la Fâbla qu'anas âouzi.
    Tout dé lon d'ûna âyga tranquîlla,
    Una Paloûmba buviè ;
Una Fournîga , hélas ! qué per aqui y'aviè,
  S'avânça trop ét din l'âyga résquîlla.
    La pâoura aviè bèou cambéja ,
    Ét dé tout biây sé déména ,
  Aouriè fâougut yé lâyssa la carcâssa ;
  Mais din lou tén qu'aco la fichimâssa ,
A la cîma dàou bèc , la Paloûmba âou sécour

Pôrta vite un floc d'hèrba, ét din l'âyga lou jîta;
　　La Fournîga tout dé suîta
　　Sé y'acrampoûna à l'entour,　.
　　Ét sé sâouvèt : chacun soun tour.
　　Din lou tén qu'aco sé passâva ,
　　Un finôcha dé Bracougnè,
　　　Coûma un catas sé sarâva ;
　　　Lou gaïar déja pénsâva
　　　Qué la Paloûmba tégnè :
　　　La saliva y'én végnè ,
Car per soupa nostre Home la guétáva;
　　Mais din lou tén qu'aquél ouvriè
　　La pâoura Paloûmba afustâva ,
　La Fournîga àou talou prou réde lou ficèt.
　　　Cavalisca ! s'ou diguèt
　　　Nostre Afustâyre én coulèra;
　Ét la Paloûmba alors qué l'âouziguèt,
Sans sé fâyre préga , mé digas sé chiïèt,
　　Lâyssan fort couét aquél Coumpèra,
　　Qué das dous yols séguissiè soun soupa,
　　　Qué din lous nibous s'énvoulâva ;
　　　Et la Paloûmba qué cridâva :
　« Un âoutre jour mé pouras acipa,
　« Mais per âra dé soir tus mé tastaras pa. »

———

FABLA XX.

Lou Rèynar ét lou Courpatas.

A MOUN AMI N.....

N..... sé mé tournaves dire ,
Qué las bèstias d'aquéste tén
Savou pa déssara la dén ,
Oh ! per lou cop mé fariès rire :
Car dématis , quand lou bloundin Phébus
Dé soun yèch éstan éspinjâva
Aou traver dé sous ridèous blus ,
Yéou qué té parle , acoûassat din dé brus ,
Ay âouzit qué quâouqu'un charâva.
Mé souy virat , ét vous ây vis
Un Rèynar , mais das pu couquis ,
Qué tout à soun âyze éncénsâva
Un tonibouy dé Courpatas ,
Qué din soun bèc alor sarâva
Un moucèl dé froumage gras.
San résta gâyre mé diras ,
Qu'un famous Moussu Lafontaina ,
Roudan un jour la patantèna ,

6

'Avant yéou lou déguèt âouzi.....
Anes pa pu yon, yéou t'én prègue :
Car save prou, moun cher Ami,
Qué quand ou vos tus siès pa bègue;
Mais bélèou qu'aquéste Rèynar
Dé l'âoutre és parén per hazar.
Et pioy, és qué din la natûra,
Sans un miracle, sé pot pa
Qué torne dos fés ariva
A pu près la mèma avantûra ?
Anfin créïs-ou coûma voudras.
Lou Rèynar coumpèra finôcha
Qu'aviè pa lénga din la pôcha,
Antâou parlâva âou béligas.
« Adissias, mons dé Courpatas :
« Per môïa sé noun vôstra alûra
« M'a tout d'un cop émbalâouzit ;
« Chout ûna tant bèla tournûra
« Déou niza ségu fôça ésprit.
« Oh ! sé, din la Cour Plumajîna,
« Un Rèynar èra réçajut,
« Tout-nâou dirièy à l'Aousselîna
« Qué per èstre rèy sès nascut ;
« Sousténdrièy âou prémiè véngut,
« Qué l'Égla mây qué vous pot pa paga dé mîna.»
Moussu dé Courpatas, prénén
Ayço bon joc ét bon argén,

Vôou né réspondre âou coumplimén ;
Ouvris lou bèc , ét soun floc dé froumage
Tômba , ét d'aquél Rèynar né dévèn lou partage.
« Aco's cé qué vouïèy (yé cride-él) grand talos ;
« Ara fây-té réçâoupre Rèy , sé pos.
« Adiou, moun Cher, apréndras à toun age,
« Qué tout Flatavièïa és troumpur ;
« La liçou t'a coustat un moucèl dé froumage ,
« Aco's un fort pichot malhur ;
« Un âoutra fés séras pu sage. »
Lou Courpatas , fort hountous ,
Réspoundèt din sou léngage ,
Qu'un atrapat né vâou dous (1).

FABLA XXI.

Lous dous Rats (2).

DOUS Rats dâou tén d'Ezôpa avièn fach
counouysseénca ,
A l'éscôla ségu séloun toûta aparénça ;

(1) Ces trois Fables sont imitées de Lafontaine.

(2) Cette Fable est Imitée de Félix Nogaret, qui n'en est pas lui-même l'auteur ; mais sa version m'a paru,

Éscapas l'un ét l'âoutre à toutes lous périls ,
Èrou réstas déspioy amis coûma dé grils.
L'un , habitén lous Cams , ramplissiè pa la pânsa,
Qué dé mâgra pitânsa , ét mèma pa toujour ;.
L'âoutre aviè mây âymat dé ficsa soun séjour
Aco d'un grand Ségnur , óunte faziè boumbânsa.
Amây lou Campagnar , per l'armazi garni ,
Agèsse prou dé péna ét souvén dé souci ,
 Quand sous amis él régalâva ,
 Per éscudèlas tout anàva ;
 Din tèla ocazioun nostre Rat
 Faziè pa la fèsta à mitat.
 Anfin soun ancièn Camarâda,
 A quâou d'habilles Médécis
(Habilles , sé voulès , és l'histoîra qu'ou dis.)
 Ourdounèrou la perménâda ,
 Vénguèt jusqua din soun lougis,
 Un jour dé bèla matinâda.
» Sièga lou bén véngut (yé dis lou Campagnar)
« Quânta bédéna, ami ? siès gras coûma un Cafar;
 « Sé counouy bé qué ta couzîna

---

quoique longue , semée de détails heureux que je me suis
efforcé de rendre dans l'Idiome Patois, par des équiva-
lens ; si j'ai réussi , le Lecteur voudra bien me pardonner
la longueur de cette Fable , qui est encore plus étendue
dans Nogaret.

« És pa frécha souvén; ou portes sus ta mîna :

« M'éscuzaras âoumén sé té régale mâou ;.

« Manja dé bons moussèls, aco's pa moun défâou.»

Ét perlors, sans façoun, à la bôna franquéta,

Vous yé servis razins, pézes, ansaladéta,

Un croustét dé pan'négre, un rouzigou délar,

Ét, per plat dé roustit, d'osses d'ûna Lâouzéta.

Nostre oùvriè qu'àyma pa lous osses sans la car ᵓ

A par él sé diziè : *Vây t'én done ma par.* »

Ét trouvén pas un plat dé bon, ni dé passable,

S'adrèssa anfin à lou qué l'aviè couvidat :

   « Quante fricot âyci m'as-tı dounat ?

   « Émpouyzounariè bé lou Diable.

   « S'as pa jamây dé pu frian moussèl,

   « Quîta toun trâou, vèni din moun Hotèl ;

   « Gagnén, gagnén lou péïs dé Câoucâgna,

« A la bîza éspâouzat, ét pâoura coûma Jop,

   « Dé qué fariès sus aquéla mountâgna ?

   « Ounte souy manjaras ét dé bon ét bèoucop. »

Lou discour èra bé d'un ami véritable ;

   Mais, coûma on dis ; *châqua âoussèl*

   Trôva soun nis lou pu bèl ;

Ét côntra aquél proujèt l'àoutre és inébranlable.

Quand lou milor réprénguèt : «Moun ami,

« A la vîla, créy-mé, séras miïou qu'âyci ;

   « Sèn pa nascus per la vida éternèla ;

   « Ét tout mouris, lou Lioun, l'Éléfan,

« Lou Chi, lou Cat, amây lá Tourtourèla,
» Ét d'ounte sèn véngus dizou qué nou'n tournan.
. » Aoutan qué la mémoîra éncâra m'ou rapèla ,
» Créze qu'aquél éndréch n'és pa trop amuzan ;
» Énsi prénguén bon tén, mardiou! quand lou
       trouvan. »
Aquél parlur, yéou créze , aviè per nouritûra
Coussit lous manuscriş d'âou savant Epicûra.
Qu'impôrta : faguèt tant, qué nostre Campagnaʳ
Sé décîda à layssa lous pézes ét lou lar.
» Adiou , vilèn séjour , souy dévéngut pu sage ;
» Ère bâou dé résta dins aquéste hermitage. »
S'ou dis él : ét ramplit dé chôïa ét dé plézi,
    Sé péssugan sans sé sénti ,
Languis qué sièguе gnoch per sé métre én cami :
La gnoch vèn : lous dous Ras per précâoucîoun
       sé bôtou
Ét patra , patatra , ver la vîla né trôtou.
    Pénsas bé prou qu'à l'Hotèl arivas,
Per sé yé fâoufila soun pas émbarassas ;
    És baricat? éh! moun dîou, pâou y'émpôrta!
Lous Filous per passa toumbaran pa la pôrta ;
Dé tours ét dé bistours , déchout tèra cruzas,
Din lous apartéméns lous an déja ménas.
Lou Campagnar , coûma poudès où créyre ,
Dé tant dé lucse és tout émbalâouzit ,
    Frèta sous yols ét créy d'èstre éndourmit ;

Quand l'âoutre Rat yé diguèt : « Anén véyre ,

« Sé per aqui , din la câmbra à coustat,

« Trouvarian pa dé rèsta quâouque plat. »

Tout justamén , dins dos ou trés banâstas ,

Vingt plas âoumén , toutes amoulounas ,

Dé mous frians an fach pruzi lou nas ;

Amây siègou sans lun , yé van tout dréch à tâstas ;

Ét véchaqui mous drolles atâoulas.

Lou Campagnar per âra s'en dounâva ,

Ét lou fricot à lâyze croustiïâva ;

Quand tout d'un cop un insoulén dé Chi ,

Qu'èra ségu couchat perquinaqui ,

　Couménsèt à fâyre tapage ;

Ét mous dous gaïars dé fugi.

Lou bruch pourtan passèt , ét réprénén courage,

Montou su la banâsta émbe un nouvèl plézi ;

Mais à péna yé soun , qu'un pichot Douméstîcà,

Qué lous aviè san doute énténdut rouziga ,

　Ouvris la pôrta , ét munit d'ûna trîca ,

　Vèn tout ésprès per lous amaluga.

　Ét toutes dous dé couri, dé sâouta ;

　Fàou counvéni qué bèla l'éscapèrou ;

Dé pôou miè-mors per hazar énfilèrou

　　　　　Sou trâou ,

　Sans avédre âoutre mâou.

Alors lou Rat dé camp sôna soun Camarâda :

　« Adiou , moun pâoure Lagriïâda ,

» Souy pas éncâra jalous

» Dé risca dé cops dé bastous ,

» Per fâyre un pàou miïoûna vîda ;

» Aou Camp ma tèsta és pu soulîda ;

» Ét sé yé mange pa souvén

» Qu'un pâou dé coudéna rancîda`,

» Yé vive pu tranquillamén ,

» Ét n'ây pas , à châqua moumén ,

» Bézoun dé tiba moun âouréïa ,

» Per âouzi sé dégus vèn pa.

» A qui souy , sans m'émbarassa ,

» Sé lou Cat dourmis ou sé véïa ,

» Sé y'a Chis , Mèstres ou Varlés ;

» Per yéou, sans libertat, tout lou rèsta és parés. »

~~~~~~~~~~~~~~~~~~~~~~~~~~~~~~~~~~~

FABLA XXII.

Lou Péïzan ét l'Aze (1).

Sus un Aze énfourcat un Péïzan troutâva.

Sé mé démandas ounte anáva ,

Vous dirây sans tant dé cansous

Qué s'énanâva tène fièyra ,

---

(1) Fable imitée de J. B. Rousseau.

Quand sé trouvèrou toutes dous
Nas à nas émbe ûna rivièyra.
Toutes dous fàouguèt s'émbarca,
Y'ajén pas mouïen dé gaza.
Lou Vilajois déscén dé sa mountûra ,
Ét sâouta dins un nèga-fol,
Tiran l'Aze per lou licol ;
Mais aquéste , qué d'avantûra
Aviè la tèsta un pâouquét dûra ,
Espéltira sé faziè prou :
Quand tout d'un cop fay lou sàou dâou moutou ,
Bâyla ûna âoupéta , ét dé plat sus l'ésquîna
Nostre Vilajois aloungat
Aviè perlors prou pâoura mîna ;
S'âoussa pourtan , mais tout amalugat,
Chânja dé gâma ét rétôrna âou rivage.
Alors trouvan un rèsta dé courage ,
Prén l'Aze per la qouéta ét lou tîra âou rébous;
Moussu lou bourisquét,qu'à sas gèyssas tournâva,
Sâouta... Ét din lou barcot sé trôvou toutes dous.
Aqui cé qué soun Mèstre démandâva.

Qué y'a dé géns , mé souy dich mîla fés ,
Qué coûma aquél Roussignôou d'Arcadîa
N'an jamây fach , ni fan parés ;
Qué per caprice ou per manîa.

_____

7

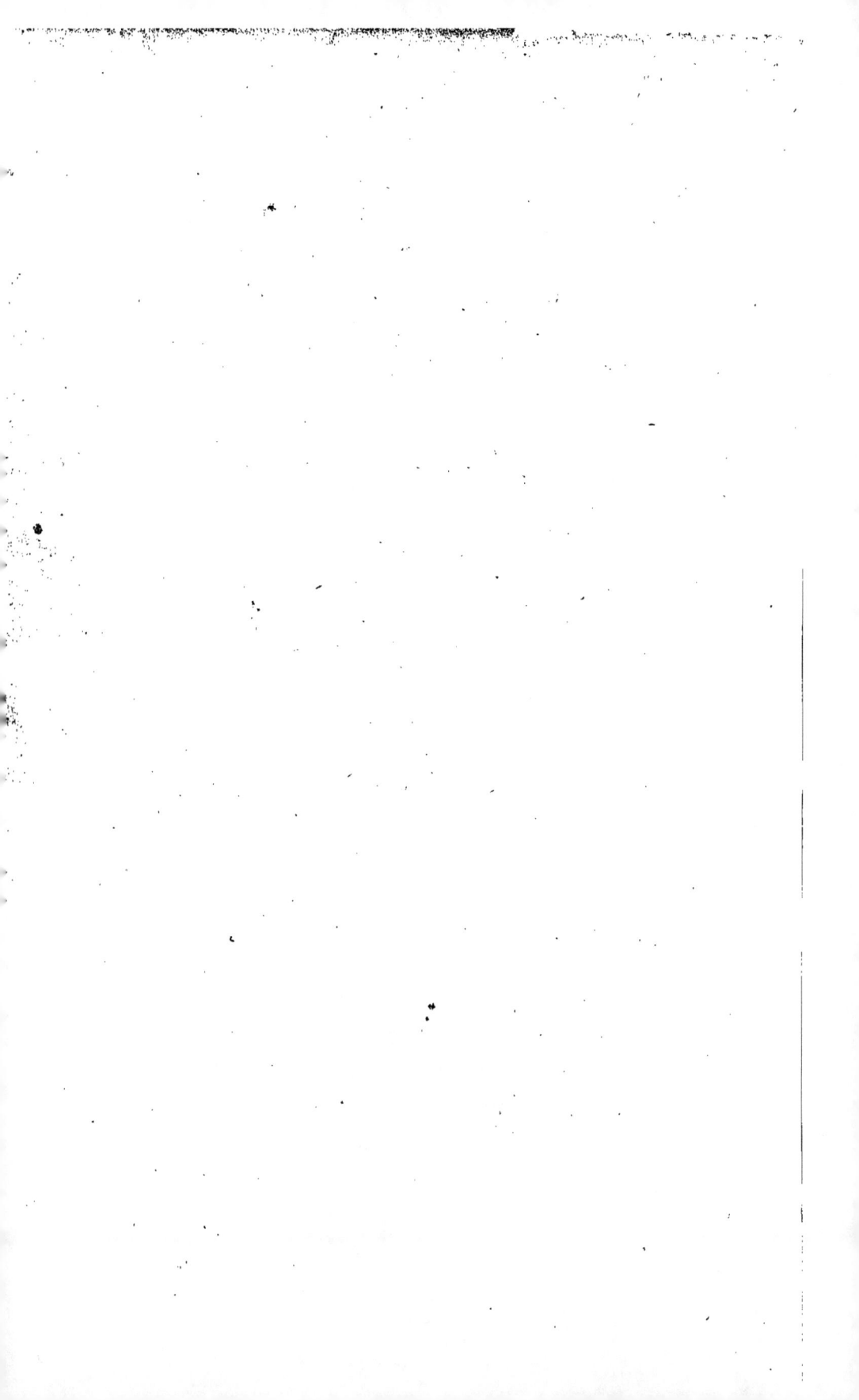

FABLAS

ÉN VÉRSES LANGUÉDOCIENS,

PATOIS DÉ MOUNTPÉÏÈ.

SÉGOUNDA PARTIDA.

FABLAS OURIGINALAS.

FABLA PRÉMIÈYRA.

Lou Chi dé Cássa ét la Cálla.

Dⁱⁿs lous rastouls, l'àoutre mati,
Émbe moun fuzil sus l'éspâlla,
Anave cassa quâouqua Câlla;
Quand tout d'un cop véze moun Chi,
Qué n'apoînta ûna. Qué y'aqui?
Dé qué, Médor? ét vite! poûssa....

Ni per aquéla, aquél ouvriè
S'acoûassa, ét sot coûma un pagnè,
Mé régârda ét l'àouréïa éspoûssâ.
És parés : dé moun nâou yéou pénsère toumba,
     D'énténdre moun Chi qué parlâva ;
     Crézéguère dé pantâyza.
   Véchâyci coûma él s'ésplicâva :
     A la Câlla alors s'adréssâva.
     » Dé cruâoutat m'acuzes-pa,
   » Ni mây d'avédre un-âma coriâça ,
   » Car sus toun sor souy àou pount déploura,
» Ét dé bon corp voudrièy n'èstre pa Chi décàssa;
» Mais coûma t'én préndriès, s'ères ioy à ma
       » plâça ?
     » Lóu Mèstre qué mé fây manja
     » És aqui près qué mé pounchoûna ;
     » Él vôou qué té force à voula :
     » Tant dé rétard déja l'éstoûna ,
     » Ét s'aprèsta à m'éstiblassa.
   » Tandis qué tus, d'ûna vois piètadoûza,
     » Mé prègues dé passa lis,
     » Él és aqui qué languis ;
     » Ma Pouzicîoun és éspignoûza......
   » Yéou voudrièy bé désségu t'éspargna ;
   » Mais ây pôou qué moun Mèstre, ou mé bate,
       » ou mé grounde....
    » N'és pas âyzat , ou véze cla,

» Dé sâoupre, à poun nounmat, counténta tout
    » lou mounde. »

~~~~~~

FABLA II.

Lou Cervoulan.

Gramécis âou biây d'un Énfan ,
Un lèste ét poulit Cervoulan
Din lous nibous sé passéjâva ,
Ét mé digas sé sé carâva !
Sé crézén quâouqu'un d'impourtan ,
Véchâyci coûma caquétâva.
» Plane sus l'Univers, quâou y'a dé pus hurous !
» Tout aquéles qu'abal rampou déssus la tèra
» Soun pas à moun coustat qué dé pichos garçous.
    » Encàra un vol , ét véyrây las hounous
» Qué réssap din lou Cièl lou Mèstre dâou
    » Tounèra. »
Avès-ti jamây vis rés dé tant vanitous ?
  Mais , siègue azar ou permissioun divìna ,
    La côrda , per ounte l'Énfan
    Gouvernâva aquéla machìna ,
    Sé côpa , ét nostre Cervoulan ,
    Prés per un cop dé Trémountâna ,

Fûza tout dréch coûma ûna câna,
Jusqu'à las pôrtas dé l'Èther,
Ounte démôra Jupiter.
Mais per malhur, coûma éncâra picâva,
Coûma à jouï sé préparâva,
La Trémountâna sé calmèt,
Cervoulan né dégringoulèt,
Ét s'énfouncèt coûma ûna pèyra
Déchout quâouques pans dé poussièyra ;
Ét tout lou Cièl qué né riguèt:
Aqui dé soun Oúrgul lou bèou proufit qu'ajèt.

Joûynas-géns à la tèsta fôla,
Per quâou sémbla qué tout és plan,
Prénès-gârda à la cambirôla
Qué faguèt aquél Cervoulan.
Ét vâoutres, géns d'ûna ourguïoûza éngénsa
Qué n'avès pa jamay prou d'opulénsa,
Éncâra és tén, réfléchissès,
Car la Camârda és aqui près,
A la pôrta bélèou sa Dâïa vous éspèra,
Ét dourmirés déman chout quâouques pans dé
tèra ;
Fôça riran quand dégringoularés ;
Aqui dé vostre Ourgul tout lou proufit qu'âourés.

FABLA III.

La Lingâsta ét lou Barbét.

Un certèn jour, un Chi-barbét,
Qu'èra tout clafit dé Lingâstas,
Tant ét tant sé gratèt à tâstas,
Qu'anfin dé deriès soun coupét,
Né dérabèt ûna per môïa,
Qu'èra tant grôssa coûma un iôou;
Ét lou Chi, jangoulan dé jôïa,
Yé diguèt, la véjén âou sôou :
» Adissias, Madâma la gûza;
» És doune vous qué suças tant bén?
» Dé fiça bélèou vous amûza?
» Aco's un poulit passa-tén.
» Savès-ti qu'aquél badinage
» Y'a long-tén mé fây éndiabla?
» Ét qué, sans qué dégus où sage,
» Ay fantaziè dé vous quicha?»
» Ami, perdouna-mé, pécâyre !
(Yé dis la Lingâsta én tramblan)
» Per ûna fés, acos pa gâyre ;
» Tournarây pa suça toun sang. »

» Aqui m'én dizès ûna grîza ,

» Ét farias un ésfor bén gros ,

» Ara qué souy séc coûma un os.

» Vous m'éscaparés pa, Louïza :

» Yéou vâou, sans tan dé coumpliméns ,

» Un pâou rire à vostres déspéns ,

» Ét réssuça cé qu'émbe péna

» Ay vis coufla vôstra bédéna. »

D'ûna arpâda , ét d'un cop dé dén ,

Lou Chi perlors, sans perdre tén ,

Né moustriguèt soun-énémîga ,

Coûma l'on moustriga ûna fîga.

Yéou trove ma foi dins lou foun ,

Qu'aquél Barbét aviè rézoun ;

Ét yéou voudriéy , quâouqua journâda,

Poudé coûma él bâyla l'arpâda

A qu'aôuques ètras insouléns ,

Qué soun Lingâstas per las Géns.

Ay Banquiès dé la négra ét roûja !

Yéou vous apréndrièy coûma on foûja ;

Uzuriès, pire qué voulurs ,

Clîca d'Hujès ét Procururs,

Yéou vous lévarièy bé dâou rodou,

Sé jusqu'à ioy las lois n'ou podou !

FABLA IV.

Lous Politîcas.

Quinze ou vingt fort grands Politîcas,
Atroupas âou Cafè Guirâou,
Babiïavou, tan bén qué mâou,
Déssus las nouvèlas publîcas.
» L'un crîda âyci, la pès ! la pès !
» Y'a pa qué la pès qué n'oun tire....»
Un âoutre crîda per derïès :
» Ét tâyza-té! dé qu'és toun dire?
» La pès, la pès; yé vézés pas
» Dos fés dé la loungou dâou nas;
» És lou rébous: aco's la guèra,
» Qué nous déou fâyre réspécta;
» Una déscénta én Anglétèra,
» Aoutramén rés n'anara pa.»
Un chacun, travaïan dé tèsta,
Fây dé rézounaméns én l'air;
La troûpa ména un bruch d'anfer,
Aourias dich qu'èra ûna batèsta.
» S'èn bé ségus (réprégnè l'un)
» Qué lous pénchinarén sus tèra...»
A lou véyre fa tant dé fun
Dirias qu'és un Home dé guèra.

8

» Mais dé Vâyssèous, n'avèn pajés,
(Réplîca l'àoutre) ét sans Marîna,
» Dins dous jours véze la famîna,
» Ét l'énémic âou foun d'âou Lés...»
Mountpéïè yé sémblâva prés.
» Per réüssi (dis un troiziéma)
» Sé Bonaparte mé crézié,
» Yéou save bé dé qué fariè. »
» Dé qué fariè? » dis un quatrièma.
» D'abor fariè ça.... fariè ci.... »
Aquél s'én pouïè pa sourti.
» Tâyza-té, t'émbouïes tus mèma ;
» Saves-pa qué dizes aqui,
(Yé réplîca alors un cinquièma)
» Jés n'avès pa lou sén coumun ;
» Lâyssas Méssius, lâyssas chacun
» La Politîca pu tranquîlla,
» Ét m'éscâoufés pa mây la bîlla.
» Toutes où déourian sâoupre prou,
» Ayço n'és pas ûna sournéta,
» Lou pus émpachégat és lou,
» Qué dé la sartan tèn la qouéta. »

———————

FABLA V.

Lou Parizièn ét lou Mounpéïèyrén.

A Mounpéïè, chout l'Ésplanâda,
Èra un poulit Joc dé baloun ;
Un jour, fazén ma perménâda,
Mé y'aréstère émbe inténcìoun
D'èstre témoin d'ûna partîda ,
Dé counséquénça, bén séguîda,
Éntre Fabrégas ét Pignan,
Côntra Sén–Jordy, Frountignan.'
Dâou tén qué lou baloun vougâva ,
A moun coustat sé bataïâva ;
Dous Homes , qué counouyssièy pa ,
Èrou prèstes à s'arapa.
Pézouïous.... vây-té fa lallèra.....
Rounflâva dé bôna magnèra.
Yéou , curîous dé moun naturèl ,
Démande qué y'a dé nouvèl.
« Aco's (mé dis l'un én coulèra)
» Aquél moussu lou Franciman,
(Ét d'un bastou lou ménaçan
Y'anâva briza la machouèra)
» Qu'émbe un air sournois préténdriè

» Goguénarda sus Mounpéïè.

» Créy d'èstre à Paris , Vîla fièra,

» Ounte , sans rîma ni rézoun ,

» Vous apèlou toujour Gascoun

» Las géns das dous bous dé la tèra.

» És juste , an per éles l'acsan ;

» Mais yé soun badàous coûma quatre :

» Lous farian lèou lacha la man ,

» Sé dé tùca fâouïè coumbatre. »

Lou Franciman vôou ripousta :

Déja lou mounde s'atroupâva ,

Et unâ voce counséïâva ,

Qué lou fâouïè mourigina.

Mais lou Parizièn d'ourigîna ,

(Du moins lou crézéguère tèl)

Aviè déja virat l'ésquîna ,

Dé pôou dé quâouque cop mourtèl.

Yéou, qué souy per fés moralîsta ,

Séguiguère l'Home à la pîsta ,

Noun pa per yé douna rézoun ,

Mais yé fâyre un mot dé sermoun.

« A l'avéni ségas pu sage ,

» Ét froundes pa pus lou léngage ,

» Ni soulamén lou méndre uzage

» Dâou Péïs ounte habitarés ;

» Vous farias bâyla sus lous dés.»

FABLA VI.

Lou Rèynar ét lou Loup.

Mèstre Rèynar aviè trouvat
Un floc dé lar mâou récatat;
Mais din lou tén qué lou lourgnâva,
Qu'à lou croustiïa s'apréstâva,
Un gros Loup, das pu dératas,
Yè lou passèt déchout lou nas.
« Aïây, l'ami, quânta avantûra ?
(Yé dis lou Loup d'ân toun dé goudouli)
» As fach aqui bôna captûra;
» Yéou souy à jun ét déspioy bon mati....»
Lou Rèynar, qu'èra un fin coumpèra,
Coumprénguèt d'abor lou grimouèra.
« Anén, anén, yéou té véze véni;
(Yé réspoundèt) dàou lar voudrièstasta, l'ami?
« Ét bé soit : tè.... coûma s'ères moun frèra,
» Émbe tus lou partajarây,
                                » amây
» Dé bôna grâca ét sans coulèra. »
(Car pénsas bé qu'émbe lous Loups
Lous Rèynars dévou fila doux.)
Lou Loup, prénén alors lou toun d'un Hipocrâta,

« Aquél lar (yé diguèt) és trop du per ta râta,

  » Ét counouysse à ta coumpléccioun,

  » Qué n'âouriès ûna éndigéstioun.

  » Tôrna fàyre la pâta fina ;

  » Vây acipa quâouqua galîna ;

  » Aco soun lous mèts qué té fâou :

  » Mais per lou lar té fariè màou.

  » Adiou , moun Cher. » Ét, d'ûna câmba lèsta,

'As déspéns dâou Rèynar lou Loup ánèt fa fèsta.

    Lou Rèynar un pâou capot ,

    Dâoutén qué lou Loup chiïâva ,

    Las âouréïas éspoussâva ,

    Ét quincâva pa lou mot.

    Réfléchiguén sus l'avantûra ,

    Aou bout d'un fort pichot moumén,

    Prénguèt rézoun én pagamén ;

    Mais avan dé cerca captûra :

»Aquél Loup,(s'ou diguèt)és un Loup prou farçur?

» Ét déssus lou tantos yéou jogue dâou malhur.

» Qué servis d'èstre fins émbe lous qu'an la fôrça?

» Lou pus finôcha alor n'és pas qué pu talos ;

  » Sans fôça péna, ét sans préne un éntôrça,

» *Lous grosses dé tout tén manjaran lous pichos.*

FABLA VII.

Lou Cat ét las dos Câtas.

Un Cat dévénguèt amourous
D'ùna Câta sa vézîna ,
Ét décidèrou toutes dous
Dé fâyre pa qu'ùna couzîna,
Per métre fin à sas doulous.
Un an éntiè, lou Cat per sa Catéta
Séguèt toujour ét tout sucre ét tout mèou.
« Crëis-où (s'ou dis) moun Cor, moun Amiguéta,
» A moun amour tus sufizes souléta ;
» Ét pourièy-ti trouva rés dé tant bèou !
» Nous quitén pa, réstén nous bén fidèlas,
„ Aymén nous bén coûma dos Tourtourèlas. »
    Ét toutes dous dé s'émbrassa ,
    Dé sé fa mîla catimèlas ,
  Dé s'acouti , dé sé poutounécha.
Mais qué trop lèou tout aquél badinage
        Sé chanjèt én tapage !
Siès impacièn, Léctur ; té vâou counta
Cé qué troublèt aquél hurous mèynage.
    Lou Cat un jour , per préne l'air ,
    Mountèt déssus certèn couver ;

Ét coûma per ùna goutièyra
Sâoutâva dins ûna païèyra,,
Sùs soun cami , pèr grand hazar,
Una Câta , à l'air fort mignar ,
Sé vénguèt oufri la prémièyra.
« Aquésta a bé l'air alifrat ;
(Minou sé dis à par él mèma)
» Ét bén hurous sériè lou Cat ,
» Qué.... lou bonhur sériè suprèma ! »
Dis : ét déja la salîva a frétat ,
Dâou plézi soul dé y'avédre sounjat.
La câouza , âoumén sé fâou créyre l'histoîra ,
Sé passèt on pot pa miïou ;
Ét d'aqui moussu lou Minou
Sé sourtiguèt émbe ûna grânda gloîra ,
Tout ajén l'air un pâou hountous.
Mais cépandan l'âoutra Catéta ,
Qu'és aqui près dé réscoundous ,
L'âouréïa bâssa ét prou mouquéta ,
Éntén bé péta lous poutous ;
Mais n'âouza pa toûta souléta
Yé cerca réna à toutes . dous.
« Dé qué végnèy, s'ou dis, tan lèsta ,
» Véyre ûna tan jouïoûza fèsta ?
» Ah ! qu'âourièy fach cént fés miïou
» Dé ségui pa tant lèou ma tèsta ,
» Ét dé résta din moun cantou ;

» Yéou–mèma ây cercat ma doulou :

» Aouparavan , ah! qu'ère huroûza !

» Quand rés encâra savièy pa ,

» Ét fazièy pa qué soupçouna ;

» Mais per toujour souy malhuroûza

» Ara qu'ây tirat tout âou cla. »

Fénnas , aquéste Conte és fach per vous prouva,

   Qu'amây pougués soupçouna

   Vostres Homes énfidèlas ,

   Dévès résta dé répâou.

   Toujour , én ocaziouns tèlas ,

   Aourés pénas pu cruèlas ,

   S'anas trop sounda lou mâou ;

   Ét coûma , sus certèn rivage ,

   Dis for-bén un prouverbe sage :

   Quâou vây toujour per éscoutous ,

   Aouzis fort souvén sas doulous.

FABLA VIII.

La Tartarâça ét lous Passérous.

Dins un jardi , châqua soirâda ,

Én pais , un Vol dé Passérous

9

Anâva fâyre sa couchâda ,
Et s'aclata chout dé bouyssous ;
Mais ûna dâma Tartarâça
Un bèou mati lou dévistèt ,
Et yé toumbèt sus la carcàssa.
Mé digas sé y'én démourét !
« Ho ! (s'ou dis) ây trouvat la véna ,
» Et d'âra én lây , sans fòça péna ,
» Et sans couri , sans mây rouda ,
» Pourây bé mé bén régala ,
» Et châqua mati dé pè ferme
» Véni cerca moun tua-verme. »
Où faguèt prou coûma où diziè :
Et Passérou jouyne ou rouquiè
Tout cop réstâva à la batâïa ;
Madâma né faziè ripâïa.
Mais lous passérous à la fin ,
Véjén qué y'anâva bon trin ,
D'âyga à soun vi ma foi métèrou ;
Et dins un Counsél décidèrou,
Qu'un Émbassadur y'anariè,
Qu'àou noum dé toutes y'oufririè
Dé la nouri tant qué vîouriè ,
Sans qué y'én coustèsse un dignè.
« Fâou, fila doux ; (toutes diguèrou)
» Pagarian frèsses ét déspéns ,
» S'as Grans vouïan moustra las déns. »

Aquéla dâma Tartarâça ,
Qu'èra âou foun prou bôna béstiâssa,
Sur tout quand véziè soun proufit,
Après avédre réfléchit ,
Yé sinnèt cé qué démandâvou ;
Et lous Passérous l'aribâvou ,
On pot pa pus éczactamén.
Un jour , qué lou Vol hardimén
Yé végnè pourta la bécâda ,
La trouvèrou dins un cantou ,
Mitat môrta ét toûta éscrancâda ,
Pu tramblânta qu'un Passérou ,
Quand d'éla réçaviè l'arpâda.
« Et dé qué vous és arrivat ! »
Cridèt tout lou Vol énmascat.
« Ah ! mous Amis , vâou vira bâtas !
» Un Bracougnè m'a céringat ,
» Et razibus nét m'a coupat
» La cîma dâou bèc ét las pâtas. »
« Ay tan-mius ! vous éntararén ;
(Réprénguèt lou Vol pu countén ,
Quand ajèt vis qué la Coumâyre
Èra tan bas qué pouïè pa
Còntra jés sé pus rébifa.)
« Ségu vous planissèn pa gâyre. »
Et toutes d'un coumun acor ,
Et tant, ét tant la béquétèrou ,

Qu'én mîla moussèls la métèrou ,
Afin dé y'avança sa mor.

Tèl , qué vous fày la capélâda ,
Ioy qué vous véy dins la prouspéritat ,
Et qu'avès toûta âoutouritat ,
Déman vous bâyla sa guignâda ,
Sé vous véy dins l'advèrsitat.

FABLA IX.

Lou Roussignôou ét lou Mouyssét.

Un Roussignôou (mais Roussignôou sâouvage
　　　Coûma dis la cansou)
　　Quiïat un jour sus un bouyssou ,
　　Sans gèyna faziè soun ramage ;
　　Ét quand ajèt prou bréziïat ,
　　Quand ajèt prou voulastréjat ,
A rézouna bon sén sé crézéguèt habille ,
S'imaginan qu'és pas pu dificille
　　　　　Dé bén parla ,
　　　　　Qué dé canta.
« Ayci, s'ou dis, dins aquèste bouscache ,

» Souy pas mâou , sé voulès ,

» Mais aquéles Ciprès ,

» Qué véze abal, soun-ti fas, qué you sache ,

» Per âouzi ma bèla vois ?....

» Nani ségu !.... Chiïén jusqu'à Minôrca.

» Ét sé m'agandissièy d'âou coustat dé Maïôrca?

» Y'a plézi dé canta dins un bos d'Irangès....

» Mais yé pénsave pa... Pa tant sot, malapèsta!..

» Ét sé trop dé séntou mé pourtâva à la tèsta?

» Ouy , ouy : tout vis ét rébatut ,

» Riscarây fort dé fila ver l'Afrîca ;

» Aqui sérây lou bén véngut...

» Aymarièy bén pourtan dé véyre l'Amérîcâ !..

» Créze qu'un Ouncle mîou l'an passat yé nizèt ;

» Mais créze qué lou câou yé lou cambavirèt.

» Ét sé tirav...» Coûma éncâra parlâva ,

Un gus, un couqui dé Mouyssét,

Qué perquin-aqui roudéjâva ,

D'un cop d'ârpa *prestò* yé coupèt lou siblèt.

•

Fézurs dé Castèls én Éspâgna ,

Qué révas pa jamây qué pëïs dé Câoucâgna ;

Fabricâyres dé grans proujès ,

Toujour éscambarlàs sus dé sés... Sus dé mais...

Sounjas, qué la camârda Doumâyzèla,

Émbe sa Dâïa chout l'âycèla,

Aoutan alèrta qu'un Mouyssét ,

Vous sâra dé près lou coupét,
Prèsta à vous coupa lou siblét.

FABLA X.

Lou Loupét.

Daou tén qué Màrtra filâva,
(Car per âra rétouçis)
Y'aviè pa mây dé couquis
    Qué d'habéstis. ·
Châqua bèstia alors caquétâva,
Ėt dé bravétat sé picâva.
Loups, Liouns , Tigres ét Chis ,
Dé soun miïou coumerçàvou ;
Et , sans passapors , sans papiès,
Déçây déláy varaïéjàvou ,
Sans trouva jés dé Cavaïès.
Certèn Loupét , à quâou lou Pèra,
Avan d'èstre pourtat én tèra ,
⌐Aviè làyssat fòça butin,
S'avizèt d'èstre un libertin;
Et d'amassa dé bén ajèt pa la manîa.
Lou Pèra amâssa ét lou Fil éscampîa;
    Aco malhurouzamén
    N'arîva qué trop souvén.

Aquél sans ime escampiâva ,
Et dé tout branle s'én dounâva.
Coûma yé séntissièn d'argén ,
Loups sous Amis lou caréssâvou ;
Et dé pus fort lou débâouchâvou ;
Anfin y'anèt dé tant bon trin ,
Qué dé soun Bén ajèt lèou vis la fin.
Après avédre fach mîla ét mîla soutîzas ,
Aou foun dâou sac trouvèt las brîzas ;
Sans fioc ni lioc , lou béligas
Mouriguèt sus un fumèlas.
Et sous amis? Sous Amis ; ah lous guzes !
Quand y'a pa pus d'argén, amis fan lèou défuzes..
Sé véze d'aquélas Géns ,
Qué soun pa mây qué fôça âoutres ,
Fàyre trop lous impudéns ,
Mé sounge ; prénès gârda à vâoutres.
Ioy fazès bé la plôcha ét lou bèou tén ;
Mais lou rétour vâoudra mây qué matînas.
Briïarès tant qu'âourés d'argén ;
Manjarés Pouls , Gals ét Galînas ;
Jusquas-aqui Madâma âoura
Plâça âou Licèa ét Lôja à l'Opéra ;
Dounarés Bals amây Soirâdas finas ;
Et vous paöunarés din dé bèlas Berlînas ;
Mais vostre argén durara pa toujour :
Et , coûma lou Loup quâouque jour ,

A fôrça dé fa dé soutîzas ,
Aou foun dâou sac trouvarés prou las brízas.

~~~~~~

FABLA XI.

La Lâouzéta ét sa Fïïa.

Sans fioc ni lioc , sans patria ,
Sans jés d'émbaras d'oustâou ,
Quand vèn lou fréch ou lou câou ,
Fôça Aoussèls an la mania
Dé sé chanja dé péïs ;
Aco's pas èstre habéstis.

    Una Lâouzéta ét sa Fïïa ,
Soul rèsta dé sa famïïa ,
Afin dé fourbia l'hiver ,
Dâou Nord déjâ déscampâvou ,
Et sans réssâous vouïajâvou
Din lou péïs plan dé l'air ;
Ver lou Mièjour s'énanâvou.
« Déqué yéou déviste abal ?
(Dis tout d'un cop la Manîda à sa Mèra)
» Aou bèou-mitan d'aquéla tèra ,
» Quicon luzis coûma un miral.

» Per môïa , sé mé voüïas créyre ,

» D'un cop d'âla anarian où véyre ?

» Dé té sara dé cé qu'abal luzis ,

» Gârda-té bén ; (yé réspoundèt sa Mèra)

» L'an dé délây yé perdère un tîou Frèra ,

» Tus , aquéste an proufîta dé l'avis. »

    Ni per aquéla , ét la Drollôta

    Dé sé véyre aviè la marôta ,

    Et dé sa Mèra sé mouquèt :

    Dâma Vanitat la pinsâva ,

Et prôcha dâou Miral d'un cop d'âla arivèt.

    Mais din lou tén qué sé yé miraïâva ,

    Un Rampélur , qué la guétâva ,

    Din sas pântas l'énvéloupèt ,

Et sans piètat l'ésquichét yé dounèt.

    Éh bé ! qué dizès Fiïétas ?

    Soun-ti soûlas las Lâouzétas

    Qué perd dâma Vanitat ?

    Avouas , sans qué vous vècse ,

    Qu'aujourdioy dé vostre Sècse

    Né perd âoumén la mitat ?

FABLA XII.

Lou Rèynar ét lou Bouc.

Aça , Méssius lous Fabulîstas ,
Diga-m'un pâou quântas soun vôstras vìstas ?
Et coûra anfin céssarés,
Coûra vous anuïarés
(Aco toujour mé régréïa)
Dé nous courna din l'âouréïa ,
Qué lous Rèynars soun tant ésperlucas ,
Qué jés d'éles jamây soun. pas éstat gouras?
Raïas , raïas aco dé vostre Catalôga ;
Car un Bouc.... *badinas?* — Ouy un Bouc ,
l'âoutre jour ,
A Moussu dé Rèynar jouguèt un poulit tour.
Éscoutas. Toutes dous anâvou cerca lôga ;
Quand long dâou cami lou Rèynar
Né dévistèt , per cop d'hazar ,
(Ayço's pas ûna balivèrna)
Aou foun d'ûna bâssa cistèrna ,
Ounte d'âyga y'aviè pajés ,
Una cloucâda dé Poulés
Tant grosses coûma Pâyre. ét Mâyre.
« Aco fara bén moun afâyre. »

S'ou dis-él ; ét sans réfléccîoun ,
Tout chouïous, yé sâouta à pê joun.
Mais quand n'ajèt fach un tibage ,
Quand sé séguèt bén baguétat,
Véjèt, mais un pâou tard , qu'èra pas éstat sage,
Et qué s'èra un pâou trop préssat.
« Coûma m'én tira ?.... Coûma fâyre ?...
» Lou Bouc , moun camarâda , és un pâouquét
    nigâou ;
» Et , sé dâou foun d'un pous mé tirèt un sîou
    frâyre ,
»Fâou qu'él mé tire ioy dâou foun d'aquéste trâou.
» Prénguén lou per finèssa.
» Bouc moun Ami, (yé crîda aquéla bôna pièça)
» Save prou qué Poulés és pa cé qué té fâou ;
» Mais s'ây as âyçabal dé qué fa bôna chèra;
» Un bèou plat dé Réprin és âyci qué t'éspèra ;
» Anén, anén, n'as pa qu'à fâyre un sâou :
» Coûma un simbèl rèstes pas à moun-d'hâou.»
Moussu lou Rèynar sé sounjâva,
Qu'ûna fés lou Bouc déscéndut,
Fariè servi d'éscâla aquél pâoure banut ;
Mais coûma éncâra yé parlâva,
Lou véjèt tout d'un cop qué dé rire éspétâva.
« Tus qué siès tant ésperlucat,
» Coûma abal té siès énfournat?
» Per âra as bèou jouga dé rûza ,

» Souy pa tout-à- fèt ûna bûza ;
(Yé dis lou Bouc) yéou té véze véni,
» Quand m'apèles *Bouc moun ami* ;
» Mais té diråy qué s'én mânca dé fôça,
» Qué siègueprèsteà douna din la bôssa ;
» Pioy qué siès abal , rèstas-y ;
» Ét sé yé fas ripâïa , à tus fôça plézi.
    » Per yéou, y'apa dé Réprin qué méténte,
    » D'un brout dé Sâouze mé counténte ;
» Tus , prén pacièngaabal : bôta , t'énquiètes pa;
» Lou Mèstre das Poulés t'én véndra lèou tira.
» Adîou, moun Camarâda.» Ét lou Bouc alor chiïa,
Lâyssan moussu Rèynar fort qouét ét fort capot.
        Tèl créy dé guiïâ Guiïot
        Qué Guiïot lou guiïa ;
      Ét lou pu ruzat , à la fin ,
      Trôva tot ou tard soun pu fin.

~~~~~~

FABLA XIII.

Lou Pëïzan troumpat per la Fourtûna.

Un sarapiàstra , un Pëïzan ,
Grand amatur d'argén coumptan ,
Coûma où soun las géns dé campâgna ,
Sus la pénta d'ûna mountâgna ,

Trouvèt per hazar, én fouchan,
Una grôssa pèyra luzénta
Qué dé l'or aviè la coulou,
Sans counta qué pézâva prou ;
Ét mé digas s'ajèt l'âma counténta !
Moustrâva lou dergnè câyssâou.
« Louqu'acoutis Fourtûna és per môïa bén bâou :
   » Per yéou , sans jés dé tracasses,
   » L'ây trouvâda per mous passes. »
Et lou véjaqui , d'un sâou ,
Agandit jusqu'à l'oustâou
D'un dé sous Amis Chimîsta ,
Qu'én Home instruit, à la prémièyra vîsta,
Yé dis: moun Cher, ta pèyra vâou parés ;
   « Et n'és pa la soûla fés ,
   » Qué la Fourtûna ruzâda
   » S'és un pâouquét amuzâda
   » As déspéns , ét dé mây d'un !
» Dé la tène crézièn , tégnèn pa qué dé fun:
   » Tôrna , moun pâoure, à ta journâda,
   » Et cerques pa d'âoutre Trézor ;
   » Foûcha , réfoûcha fort ét ferme ,
   » Sans avédre én tèsta aquél verme.
   » *Tout cé qué luzis n'és pa d'or*(1). »

---

(1) On trouve communément un Minéral , connu des
Savans , sous les noms de Pyrite Martiale ou Sulfure de

FABLA XIV.

La Tóra ét lou Parpaïou.

Tibas l'âouréïa, anén, éncâra un-âoutra Fâbla.
  Ouy, pas qu'un-âoutra ét pioy pa pus ;
Car souy las adéja dé fa parla dé mus.
Tout Léctur bon énfan la pot trouva passâbla ;
Mais lous, qué per rézoun fourbîou toujour
                · un lun ,
Van crida, souy ségu , qu'a pa lou sén coumun,
Ét qué sans médizénça és ·ma pu détéstâbla.
  Un bèou tantos, un Parpaïou ,
  Qué toutéscas dé soun coucou
  Déspioy mièch-hoûra èra défôra ,
  Sus sous passes trôva ûna Tôra.
« Ma mîga (s'ou yé dis aquéste fanfaroun)
  » Grand Dìou ! qu'as michânta façoun !

---

fer ; il a une pesanteur spécifique assez forte, et sa cou-
leur brillante , souvent même dorée, a trompé plus d'une
fois la cupidité de bien des habitans des environs de
Montpellier. Le Célèbre Minéralogiste , M. *Haüy*, a très-
heureusement caractérisé ces Mines , en les appelant :
mines d'or de l'ignorance.

» Ét ségu lous qué t'énjéndrèrou ,

» Per môïa sé noun sé troumpèrou ,

» Car né siès loûrda à fàyre pôou ;

» Sans counta qué n'és pa sans péna

» Qué té rousségues per lou sôou. »

« Tâyza-té ; mé cerques pa réna ,

(Yé réplîca la Tòra) ét pàssa toun cami ,

» Sé tus vos pa qué té fague rougi.

» És vrây qué rampe sus la tèra ,

» Coûma tus as rampat avan d'èstre tant fier ;

» Ét , sé ioy tout briïan té perménes din l'air,

» Per qué dé ta nâyssénça oublida la mémoîra ? »

Eh bé ! dé quatre jours Aymables Parvéngus ,

L'avès âouzîda aquéla Tôra ?...

N'èra pa sémbla ûna pécôra ?...

Qué né dizès ? Éh bé !... Sès mus ?

Lou pécat vous coundàmna ?... Éh ! né parlén

pa pus.

ÉPILOGA.

Anén, anén, Critìca, as aqui moun Récul ;
Prépâra toun Fiçou, mét vite tas Lunétas ;
Mais làyssa din l'éstuit las qué soun las pu nétas.
T'avertisse d'avânça ; és sans un brin d'Ourgul
   Qu'âou grand jour méte aquéste Ouvrage.
Pâssa lis un pâouquét sus moun Apéndrissage :
  Per dé défâous gn'âoura mây d'un ;
   Mais, quand né trouvaras quâouqu'un,
Pénsa qu'un Apéndris sans fâoutâ vèn pa Mèstre ;
Aco n'és pas éstat ni noun gâyre pot èstre,
    Daïur, per s'ésclèyra , chacun
    Dé Lafontaina a pa lou Lun.

CONTES

ÉT AOUTRAS PIÈÇAS

ÉN VÉRSES LANGUÉDOCIÈNS,

PATOIS DÉ MOUNTPÉÏÈ.

~~~~~~

TROISIÈMA PARTIDA.

~~~~~~

LOU SÉGNOU ÉT SOUN JARDIGNÈ.

Lou Ségnou d'un michan Vilage ,
Din lou tèrén dé l'Avâounage ,
Révâva la gnoch ét lou jour
Papurés mây qué jardinage.
Per passîoun âymâva l'herbage ;
Aou jardi roudâva toujour ,
Én lou câou coûma émbe l'âygage.
    Un certèn jour , nostre Ségnou
Din soun jardi sé passéjâva ;
Èren d'éstiou ; l'air vous brullâva :
Faziè , mas géns , ûna calou !....

J I

Coûma sé dis , la Ser badâva.

Quand , dins un pichot récantou,

Déssoutèt mèstre Perpinsou ,

Qu'éspatat à l'oûmbra rouncâva;

S'èra més on pot pa miïou.

« Dourmisses , fénéan ? (Yé crîda lou Ségnou,

　　D'un air furîous , la mîna soûmbra.)

▷ Avès-ti jamây vis un lache coûma aquél?

　　» Mérites-pa dé véyre lou sourél ! »

«Ét véjaqui, Moussu, perqué mé tène à l'oûmbra.»

LOU PROUCÈS D'UN GAL.

Perquinlay , dins aquél péïs ,

D'ounte chaqu'an la Giroundèla

Tôrna l'éstîou , toujour fidèla ,

Fa sous pichos âou mèma nids ,

Arivèt câouza prou nouvèla ,

Un proucès coûma on n'a pa vis.

Ayço n'és pas ûna sournéta ;

Car és ûna Giroundèléta

Qué m'ou diguèt. Bèstias ét Géns

Fazièn alors rézounaméns.

　　Lou fil d'un Rèy ajèt dé tîgna.

Gastat , pourit , aquéste énfan

Diguèt à soun pèra én plouran :

« Aco n'és ûna câouza éndîgna ,

» Qu'énténde , la gnoch ét loụ jour,

» Lous Gals dé tout aquéste éntour

» Mé crida *qu'as qu'as qu'as dé rásca !*

» Déspioy long-tén aco m'énmâsca. »

« Vây , sièga tranquille , moun fil,

» Lous farày métre sus lou gril. »

Yé réspoundèt alor soun Pèra ;

Ét l'Énfan pâouzèt sa coulèra.

Léndéman, à poûncha dé jour,

Sé publia âou soun dâou tambour,

Qué tout Gal ou toûta Galîna,

Éstéquis ou dé bôna mîna,

Din tout lou jour séran pourtas

(Aco's dâou Rèy las voulountas)

A soun Ouficiè dé couzîna.

L'énfan béziat d'un Faïanciè,

Qu'én gabîa un poulit Gal aviè,

Vouguèt pa qué yé lou tuèssou ;

Amây bén qué lou réscoundèt

Dé pôou qué yé lou déçoutèssou ;

Ét soun Gal antâou n'éscapèt.

Mais pa per fôça tén , pécâyre !

Vous vâou racounta soun afâyre.

Lou Rèy ét soun Énfan un jour

Dé la Vîla fazièn lou tour ;

Quand âou cantou d'ûna carïeyra,
A traver d'un floc dé crouzièyra,
Énténdou toutéscas crida :
    Cas cas cạ rásca !
« Quâouqu'un m'a cridat qu'ây dé ràsca ? »
Diguèt l'Énfan à soun Papa.
« Aquél quâouqu'un où pagara ;
» Moun Fil , yéou té pode proumétre
» Qué tout-âra vàou fâyre métre
» En prizou lou Mèstre d'oustâou :
» Lou vole brandi coûma fàou. »
Coûma dé fait Souldas y'anèrou ;
Mais à l'oustâou qu'âou né trouvèrou ?
Una Fénna , un pichot Énfan ,
Qué dé soun lagui sé doutan ,
Dé toûtas sas fòrças cridâva :
Moun Gal áoumén mé tués pa !
Mais la Troûpa , sans l'éscouta,
Gal , Fénna , Enfan tout émménâva.
Mé digas s'aquél trézanâva !
Davan lous Jujes assémblas ,
Coûma quicon lous énravâlou.
« Fazès qu'aquélas géns s'acâlou ? »
Dis lou Prézidén as Souldas ;
Amây lèou qué soun acalas.
    « Diga-m'un pâou , Fénna insoulénta ?
(Réprén alors lou Prézidén)

» Fâou bé qué séguès impudénta ,

» Ou qu'ajés perdut lou bon sén?

» Malgrè qu'un Arèt ou défénde,

» Avès gardat din vostre oustâou

» Un Gal! sèra griïat qué sé y'aténde;

» Un Gal! savias-bé qu'ères én défâou?»

« Ou savièy, Ségnur, ét dé rèsta;

» Mais d'un énfan chanjas la tèsta:

» Aourièy vis un poulit traval ,

» Sé yéou y'avièy lévat soun Gal.

» Ét pioy, jujes, quînta és la Mâsca

» Qu'âouriè dé cént ans dévignat

» Cé qué lou Dâoufin a trouvat:

» Qu'aquél Gal y'a dich; *Qu'as dé Râsca!*

» A cantat; mais sans pénsâ mâou.

» Bélèou s'anuïâva à l'oustâou,

» Ou bélèou soûnâva ûna Poûla. »

Un Juje alor sé lèva ét dis :

« Méssius , yéou souy fort dé l'avis,

» Qué métén aquél Gal din l'oûla.»

« Et sé né fazian un pastis ,

» Aco sériè pa tant mâou vis. »

Dis l'âoutre ; ét la pénsâda soûla

Fây qué la salîva yé coûla.

« Sé lou crézièy pa trop téïous ,

(Réprénguèt alors un troizièrña)

» Vous dirièy bé quante és moun gous. »

» Ét quante és? » Démânda un quatrièma.

« En dé bônas trûfas facit ,
» És dé lou métre vite én brôcha. »

« Tâyza-té ? N'as pa grand ésprit ;
» Ét mét ta lénga din ta pôcha.
» Dé trûfas dins un vièl rouquiè ,
» Du coûma un réçôou dé souïè !
» Nous préndrièn bé per émbécilles.... »

    « Jujes (yé dis lou Présidén)
» Ranguénas vostre coumplimén.
» Dins un tan sérious Jujamén ,
» Vâoutres né moustras pa grand sén ,
» Amây vous crézégués abilles.
» Sès, mé sémbla, un Pâou trop goulus ;
» Ét lou Gal n'és pa per dégus.
» L'ordre dâou Rèy antâou s'ésplica :

    TOUT GAL , PRÉS ÉN FLAGRAN DÉLIT,
    SANS APÈL , COUMA SANS RÉPLICA ,
    DÉSSUS LOU GRIL SÉRA ROUSTIT ,
    JUSQU'A CÉ QUÉ MORT S'ÉN SÉGUIGUE.

» Fâou qu'aquéste soun sort subigue. »
Amây dé fèt lou subiguèt.
L'Énfan tout souscan s'énanèt ;
Lous Jujes, pu capos éncâra,
Ét qu'avièn aguzat sas déns ,
Sourtiguèrou prou mâou counténs ,
Après fôça dé tintamâra.

Vâoutres, qu'âra m'avès âouzit,
Sé tratas moun récit d'histoîra,
Ajas un pâouquét dé mémoîra,
Ét vous véndra lèou din l'ésprit,
Qué, dins ûna Vîla dé Frânça(1),
Un Gal, per avédre cantat,
Séguèt jujat ét coundamnat
A sé véyre ésquinsa la pânça.
Mais lâyssén aquél tén én lây,
Car révéndra pa, s'à Dîou plây ;
Ét per tèl fèt, ou Gal, ou Poûla,
Pot bé né papus créni l'oûla.

LOU PROCURUR ÉT LOU CARÉTIÈ.

Un jouyne Procurur, pa das méns éspoumpis,
   Aymâva fort, sé né crézèn l'histoîra,
Dé pinta séc énco dé sous amis :
D'èstre un grand chicanur Moussu sé faziè gloîra.
Quand surtout éntre mans yé toumbâva un
      Argnous,

---

(1) A Montpellier , dans une époque de la Révolution ,
un Coq fùt condamné, par le tribunal d'alors, à avoir la tète
tranchée ; pour avoir chanté dans une intention coupable.

Tout prèste à plâydéjdâ éssus un pè dé moûsca :
Moun Cher (s'ou yé diziè) *vôstra câouza és pa*
  foúsca.

Ét lou toundiè, Dîou sap ! pu ras qué lous
  Moutous.

Lous uns lou fan sourti dâou coustat dé Fabrégas,
Lous âoutres mordicus dîzou qu'és dé Pignan;
Aquéstes van cerca sa râca à Valabrégas ;
Yéou, sé m'ou démandas, lou créze dé Sâoussan.
Anfin Noùm ni Péïs fan parés à l'afâyre :
Ayci cé qu'arivèt à Moussu lou Coumpâyre.
Véyrés qué désségu trouvèt à quâou parla,
Ét qué tout dé roustit sé faguèt énzénga.

  Nostre Home un jour révégnè d'ûna fèsta,
Émb'ûna bâna âou front, ét l'ésprit fort jouïous;
Sus soun Aze énfourcat troutâvou toutes dous :
(L'Aze éntre déns diziè : *la cârga és pa trop lèsta*)
    Quand per azar mèstre Créspi,
    Dé nostre Procurur vézi ,
    Sé rancountrèt déssus sous passes.
    Créspi, Carétiè rénoummat
    Coûma amatur dé cacalasses,
    Apar qu'èra un brave éscâoudat.
« Aïây ! és tus , moun Cher ? ét coûma vây là bôta ?
(Yé dis lou Procurur) ét ta Fénna Charlôta ?
    » Ét ta grâna dé brès ? »
    « Qu'és mâou gaïar qué sâoute :

(Réspond lou Carétiè) car tèl qué mé vézès ,

» Dé toutes tant qué sèn yéou souy lou pu
　　　mâlâoute.

» Ma pânsa cépandan réprézénta pa mâou ;

» Ét , sé l'Apouticâyre émbe toûta sa clîca
　　　» N'an pa d'âoutra pratîca ,

» Pôdou plégâ boutîga , ét coure à pè d'éscâou
　　　» Bâyla d'âras à l'Éspitâou. »

» Ét lou Méstiè ? Rén-ti ? Yé sièss – pa per tous
　　　passes ? »

« Ah mardi ! qué per tout y'a prou sous ém-
　　　barasses !

　　　» Ét moun Méstiè n'és pa dé lous

» Ounte , én pâouzan *zéro* , l'on rétèn âoumén
　　　dous. »

» Coumpréne : mais tabé lou bon vi dé Bour-
　　　goûgna ,

　　　» Sé né fâou juja sus ta troûgna ,

　　　» Lou déves-pa tout métre âou Lun? »

« Ay parlés-pa sus joc , Moussu dé la Chicâna ,

　　　» Car véze ûna certèna bâna

　　　» Qué mé dis qué sès pas à jun. »

« Tout badinaje à par, té prègue dé mé dire,

　　　» Sans rire ,

　　　» Perqué toun Chival dé davan

» És tant rédoun , tant gras , tant bén pourtan

» Qu'émbe l'oûngla on pouriè lou féndre.

» Voudrièy tabé té prégâ dé m'apréndre ,
   » Per dé qué toun cabiiè
    » Ét toun pâoure limougnè,
  » Tant plas coûma dé fougâssas ,
  » Sémblou mountas sus d'éscâssas ?
   » An-ti quâouqua malâoutiè ? »
» Tournas cuga ; moussu l'home d'afàyres :
  És Procurur lou bèou prémiè ;
   » Lous âoutres soun dé Plâydéjâyres. »

LOU MÈSTRE ÉT L'ÉSCOUIÈ.

Aquél qué d'amoun nous fây lun ,
Sans qué véjén mécha ni fun ,
Phébus , aviè dé soun vouïage
Fach la mitat sans badinage ;
Vous lâysse à pénsâ s'un pâouquét
Picâva alors sus lou coupét.
Éntre sous dous léuçôous un Éscouïè choutâva:
Pa mây qu'un floc dé boy lou gaïar boulégâva ;
  Quand lou Mèstre , coûma quicon ,
  Vèn per yé bâylâ sa brandîda.
  « Qué fazès , pichot Sac-dé-son?
  » Aco's ûna fort bôna vîda.

» Perdre antàou sa jouynéssa ! és qué vous
        savès pas ,

» Qué lou famous Gargantuas

» Nous aprén, qué l'ésprit sé prén pas à la léca ?

» Ét qué né vèn pa mây âou gardâyre dé Biôous ,

» Qu'à lou qué sé coufis éntre sous dous léncôous?'

» Per vous fâyre un Savan , ma pétrîna sé séca ! . .

    » Vous fâoudra-pas per azar dé flambèous ?.

» Anén sâoutas dâou yèch ét fazès la priïèra. »

«Lou Sourél és tant nâou! ferma-mé lous ridèous:

»Car mous yols soun pa fas per véyre sa lumièra. »

LOU COURDOUGNÈ ÉT LOU CURAT.

Adissias, Moussu lou Curat.
Ay qué languissièy dé vous véyre?
Per vous counta , s'ou voulès créyre,
Lou malhur qué m'és arivat.
Sé moun récit noun vous anûïa ,
Ou sâouprés dâou fiou-à-l'agûïa ;
Souvén , sé mé rétégnèy pa ,
Sérièy Home à m'ana néga.

    Révénén dé moun tour dé Frânça ,
Per passa Mèstre Courdougnè ,
Tout cantan *viva la driïânça* ,
Yéou mé réndièy à Mounpéïè ;

Mais lou Diable, aquél vièl sourciè
Qué vèn toujour à nôstras troûças,
A Salazou mé bastissiè
Un poulit tour dé soun méstiè.
   Una Joùve, à las séïas roûssas,
Trapôta, grôssa, ét nas âou vén,
Sé yé réndiè patâoudamén,
És bé vrây qu'à par sa carûra
Soun véntre aviè prou bôna alûra.
Soun briquét sus moun cur batèt;
Moun cur coûma d'ésca prénguèt.
Avès aqui fôça bagaje,
Yèou yé diguère, én mé saran;
Voulès-ti qu'un pâou vous soulage ?
Gramécis, rèste áyci davan;
Daïur sès bé cargat áoutan.
Una résphônsa tant hounèsta
M'acavèt dé vira la tèsta.
Alor yé lansère un cop d'iol;
Ét counouguén déssus sa mìna,
Qu'éla âymâva un pâou la jouïna,
Né dévénguère amourous fol,
Ét yé proupâouzère mariage.
Mais mariage din lou sérious !
Y'apliquère un poutou per gage
Ét l'ouvrièyra m'én réndèt dous.
Nous saran dâou mâoudit Vilage.

Aquéla fés côntra l'uzage,
L'amour nous faziè déscamba.
 Dâou pu ïon qu'éla véy soun pâyre,
Couris per lou poutounéjâ,
Et tout dâou long counta l'afâyre.
Yéou m'avance, capèl à-bas :
Mé réssajèrou, mé digas !
Ét faguèren miïoûna chèra
Qué s'èra éstat Dissate gras.
Qué vous fày moun futur Bèou-pèra ?
(Lou grivois dâou long né saviè)
Él couris vite à Mounpéïè ;
Démânda dé qu'és ma famiïa,
Ét s'âoumén cavis bén sa fiïa.
Quand sus tout séguèt bén âou fèt,
Vite à Salazou révénguèt,
Ét lou mèma soir, dâou Mariage
Sinnèren toutes lou Countrat.
Per môïa né souy pa fachat !
Cridave yéou ; n'ère pa sage :
Car faguère un apéndrissage,
Ét ségu séguère énbâourat.
La prémièyra gnoch dé la nôça
Counouguère Thérèza grôssa.
Ay mardi ! Moussu lou Curat,
Sé m'avias vis coûma pitrave !
Sérias éstat pétrifiat,

Dé la fôrça qué rénégave.
Pâoure sujèt , dizièy souvén ,
Rébut dé quâouque Réjimén ,
Én toun air dé catabagnàda ,
M'as atrapat ! sérâs ounjâda.
Aouzisses , michan garnimén ?
Ah ! m'as prés per un Nicodèma !
Jarnî coutou té tuarây ;
Chout mous pèzes t'éspoutirây ;
Té métrây pire qu'ûna crèma ! »
     Lou Curat l'arèsta tout cour.
« Hola ! moun pâoure mèstre Blèza ,
» Coûma vous y'anaves dé frèza ?
» Pâouza-vous : qué parle à moun tour.
» Dé crida n'avès-pa vergoûgna ?
» Déourias èstre tout èncantat
» Dé trouva tant bôna bézoûgna.
» Tout Courdougnè n'és oublijat
» D'émplégâ ĸior bén préparat ,
» Ou sinoun l'éménda l'éspèra ;
» Aouzissès ? Pa pus dé coulèra. »
     Mèstre Blèza séntis fort bén
La fôrça dâou rézounamén ,
Et réfléchis ; y'aviè matièra.
Pioy tout d'un cop sé vîra , ét dis :
« Dîou mantèngue révaladis.
» Dizès qu'aco's ûna fichèza ?

» Soit: din lou foun âyme Thérèza. »
Alors nostre bon Courdougnè
Vers soun oustâou gâgna dé piè ,
Né sâouta âou col dé sa fénnéta ,
Et yé fây ùna carésséta ;
Lous véchaqui répatrias :
Et pioy facha-vous das Curas?

Tout nâou yéou mé souy lâyssat dire ,
Per dé géns qu'âymou fort dé rire ,
Qué nostre Pégot és hurous ,
Et qué sa Fénna , châqua annâda ,
Y'escûlla énfans abèles dous ;
Aqui cé qu'és d'èstre rénjâda.
Mais aquélas géns atabé
M'an dich âou tuïèou dé l'âouréïa ,
Qué souvén aco yé régréïa ,
Ét qu'és pa countén , s'én fâou bé.
Per lou sacramén dâou mariage ,
Blèza és un pâou tranquilizat;
Mais él crénis d'èstre couyfat ;
Cé qué n'és pas un badinage.

Aco fây véyre qu'és fort sage ,
Toujour avant dé s'éniassa ,
Dé sé counouysse ; aco nuis pa :
Sès pus hurouzes én méynage.
On véyriè mén dé cariïoun ,
Sé chaçun goustâva aquél poun.

Sé pot trouva quâouqua Thérèza ;
Mais chaqu'Home n'és pas un Blèza,
Et n'éntén pa tant lèou rézoun.

LOU SOULDAT ÉT LOU GASCOUN.

Un Souldat , qu'èra pas à jun ,
Ét qu'aviè pas bégut tout d'âyga ,
Un soir éspérâva quâouqu'un :
Amây din sa coulèra émbriâyga,
Bé mây qué santafiou diziè ;
Jurâva coûma un carétiè.
S'èra poustat én séntinèla
Près dé la Coumédia ; ét surtout rémarquas,
Qué soun halé séntissiè pas ,
Ni lou mus ni mây la canèla.
Aou Souldat s'adrèssa un Gascoun,
N'ajén pas un air fort luroun ,
Qué yé dis émbe politèssa.
« Moussu , vous démande perdoun :
» Qué jôgou ioy? Quînta és la Pièça ?»
» Es qué souy ûna Afîcha , dounc ? »
» Qué sès téndre dé cachadûra ,
» Moussu lou Souldat ranjinas !
» Ét l'Afîcha , dins aquél cas ,

» Séntiriè bé la pouritûra. »

« Apélâ ranjinas, pudén,

» Un vièl Souldat ; encâra én fâça !

» És-ti poussible ! aco mé pâssa ;

» Aco's èstre mây qu'insoulén !

»És pa qué din lou sang qu'on lâva aquél outrage!

»Vèni trima, Gascoûn, sé siès pas un grand lache?»

    « Abây, moun cher, pénsa yé bén ;

» Siès un folas ; sièga pu sage.

» Per mé batre ây prou dé courage ;

» Mais éntre nâoutres rézounén :

» Sé yéou té trâoucave l'andoûïa,

» Pudiriès mây, sus moun hounou ;

» Sé mé trâoucaves la panoûïa,

» Moun cher, séntiriès pa miïou. »

LOU PRONE.

A tâoula un jour èren quâouques Amis,

Toutes gaïars dé prou bôna apétis ;

Et noutas qué chacun avian nòstra grivoïza.

    Lous vîoures croustiïas,

    Lous flacouns éscoulas ,

Dizian chacun nòstra gandoîza.

Un dé nâoutres surtout, qu'èra lou pu farçur,

Sé métèt à nous fâyre un conte ;

Et pioy qu'ây un moumén fàou qué té lou raconte,
    Car jusquas à ioy , Léctur,
    L'ay réténgut per bonhur.

    Din la paroîssa dé Fabréga ,
    Un certèn Diménche dé l'an ,
    Lou Priou mountèt soun bataclan,
    Per aquél jour fàyre sa pléga ,
    Et dins soun Prone cerca bréga
    A tout lou Sècse Fémèlan.
    « Tibas l'àouréïa , mas Fédétas?
    » Tâyza-vous? Qué vâou couménçâ ;
    » Mais préngues-pa per dé sournétas
    » Cé qué yéou vâou vous débita? »
Et per lors s'apréstèt à vous y'én débana,
Né vos véchan'aqui , déssus la Médizénça.
Dé la Fénna aco's bé lou pécat favori;
    Mais moussu Sistre aquél mati
    Sé trouvèt pa mountat sus l'élouquénça,
    Ét réstèt qouét én mitan dàou cami.
    Sé l'avias vis coûma pitrâva ;
    Coûma lou front das cinq dés sé gratâva ;
    Ni per aquéla, ét nostre Prîou
Dé soun Prone jamây trouvâva pa lou fîou.
Soun Aouditoîra anfin déja s'impaciéntâva ;
Ét Sistre d'un pàou mây én blânca lou quitâva;
    Aquél sént Home èra réndut,

Ét suzâva coûma un perdut.

Quand l'insècta lou pus inmounde,

Quand ûna Gnèyra,(ét noun pas un Pézoul,

Coûma ou crézéguèt fôça mounde)

Lou fiçan sus lou...... lou tirèt dé l'émboul.

»Ouy, (réprénguèt lou Prîou) vous ou dizièy

    ❧ » tout-âra,

  » Ét per qu'ou réténgués vous ou diray encâra ;

  » Dé qué dâmna la Fénna? és un moucèl dé car.

»Toûtas mé cridarés: *nous ou farias pa créyre.*

»Éh bé, Fénnas, éh bé!. vous lou vâou fâyre véyre

  » Per coupa court; car déja sé fây tar.»

Ń'és pa mâou, léctur, dé té dire

Qu'aquél Sistre, prou pâoure sire,

Tout parlan dâou moucèl dé car,

Tégnè pa sas mans à l'éscar ;

Mais sans jèyna las passéjâva

Sus l'éndréch, ounte alors la Gnèyra lou fiçâva.

Ét quâou sé grâta ounte sé prus

Jamây n'a fach tort à dégus.

A rés dé mâou tabé lou pâoure-él noun sounjâva;

Mais tout lou Fémélan, qué cavâva pu ïon,

Véjén grata lou Prîou, sé sounjâva quicon.

»Qu'és aco? (Sé dizièn las qu'èrou pus ardîdas)

  » Dédin sas brâïas nostre Prîou,

» Cerca-ti désoun Prone ou l'agûïa ou lou fîou ? »

Quâouquas âoutras pu timîdas,

N'àouzan pa trop lou ficsa,
Dâou cantou dé l'iol éspinjâvou ;
Ét pioy tout d'un cop sé ségnâvou,
Én dizén soun *mea culpa.*
Dins aquél tén, per acâva soun Prone ,
Moussu lou Prîou crachâva lou pâoumoun ;
Quand à soun Mounde anfin, per toûta coun-
cluzioun ,
Môstra la LÉNGA , ét dis : *Díou vous lou done.*
Es bé ségu qué dins lou foun
Moussu Sistre aviè bé rézoun ;
Lénga dé Fénna, aco's prou véritable ,
És pire bén souvén qué la Lénga dâou Diable.
« *Y'a pas pourtan règla sans écsépcioun.* »

———

FIN DAS CONTES.

~~~~~~

LA BERGÈYRA MALUROUZA

Imitacíoun dé Deshoulières.

Daou coustat dé Salicàta ,
Long dé la pénta dâou grés
Qué sé bâgna din lou Lés ,
La joûyna ét poulìda Agâta ,

D'un air triste ét langourous ,
Né gardâva sous Moutous.

Lous Moutous , à l'avantûra ,
Yon van cerca sa pastûra ,
Sans qu'éla vogue sounja
Qué lou Loup , â l'âma dûra ,
Lou pu bèou pot yé manja.
Mais Agâta à la pénsâda
Dious où saɒ! trop ocupâda
Dé soun âymable Bergè ,
Qu'ûna loi bén rigouroûza ,
Ét la guèra pus afroûza
Tén én péïs éstrangè.

Tantot , cédan à la fôrça
Dé soun délire amourous,
Das âoubres ramplis l'éscôrça
Dâou sujèt dé sas doulous
Qué tâpa dé cént poutous.
Tantot , éscrìou sus la tèra
Lous noums d'Agâta ét Tircis ;
Pioy souvén sé dézéspèra ,
Régârda âou Cièl ét gémis.

« Aco's bén insupourtable
» Qu'un Zéphir énpitouïable ,
» Déssus nostres noums unis ,
» Émbe soun halé jaloûza ,
» Trague ûna poussièyra afroûza ,

» Pa pu léou qué soun éscris.

 » Quânta cruèla avantûra ?
(Dis Agáta émb'un soupir)
» Sé cé qué fây lou Zéphir
» M'és ûna mârqua ségûra,
» Qué dins un âoutre séjour
» Moun cher Tircis infidèla,
» As pèzes d'ûna âoutra bèla
» Mé traïs.... ét per toujour !

 » Ah ! Chaplarièy la Muzéta
» Qué mé lâyssèt lou méntur ;
» Et dâou bout dé ma houléta
» Mé traversarièy lou cur !.....
» Nou la câouza és impoussîbla ;
» Tircis a l'âma sansîbla ;
» Et ségu m'âyma toujour.
» Per él mé démande grâça :
» Tout cé qué mé lou rétrâça
Mé réspon dé soun amour.

 » Roussignôous ét Tourtourèlas,
» Dé l'amour lous vrès moudèlas ,
» Éscouta-mé , tâyza-vous ;
» Yéou créyrièy Tircis voulage !
» Aouzissè-né sas cansous ?
» On n'és pas pus amourous. »

 Alors, d'ûna vois lâougèyra,
La maluroûza Bergèyra

Sé mét à las répéta ;
Ét dé pôou dé la troubla,
Lous âoussèlous dàou Bouscage
Déchout un éspés fuïage
S'anèrou vite aclata.
Quand Agâta, joûyna ét bèla,
Ajèt finit dé canta,
La pléntîva Tourtourèla
Lou mèma air vôou roucoula ;
Roussignôou dé s'énsaja ;
Mais la vois tant langouroûza
D'ûna Bergèyra amouroûza
Pot-ti jamây s'imita ?

La pâoura Pastourèléta
Séntis bé mây sas doulous,
Quand éntrévéy sus l'herbéta
Un parél bén pus hurous
Culi la marguaridéta,
Et pioy sé counta flouréta,
D'un air timide ét tant doux,
Sans parla dé cént poutous.

Un jour qué s'èra assétâda,
La lârma à l'iol, l'air révur,
Chout ûna éspéça ramâda,
Per ploura sus soun malur ;
Et qué, d'ûna vois mourénta,
Countâva tourna sa plénta

Aou Cièl, Échos ét Vergès,
Pan proutéctou das Bergès,
Y'aparéy chout la figûra
Dàou pu poulit pastourèl.
  « Bèou Trézor dé la Natûra,
» Soîgna (s'ou dis) toun Troupèl;
» Ma charmânta pastourèla,
» Tircis éncâra és fidèl,
» Et vèn l'oulîva âou capèl.
» Oy, la Guèra és damoussâda,
» Et la pais la ramplaçâda ;
» Vây dé tout lou long dâou Lés
» Apréne aquésta nouvèla,
» Et canta gloira éternèla
» AOU PREMIÈ CONSOU FRANCÉS.» (1)

POURTRÈT DÉ LISÉTA

Imitactoun Anachréontiqua.

Sara-té , Pintre famous ;
Aouzis caquéta ma Lîra ;

(1) Cette pièce fut faite lors de l'armistice avec l'Angle-
terre, époque où les Français jouirent d'une lueur de paix
générale.

Aouzis-la coûma souspîra ?
Vite ! brôïa tas coulous.
Séguis aquéla bâoujéta :
Anén, moun ami , fây lèou ;
Ét qué ïoy dé ta paléta
Sourtigue quicon dé bèou.
És lou pourtrèt dé Lizéta
Qué ma Lîra vây dicta ;
Fày bén cé qué té dira ,
Ségu lou manquaras pa.

Soun Fron és l'ivoîra pûra ;
O Diou ! qué la bén fachét !
És chout ûna Chévélûra
D'un bèou négre dé jaïét ,
Qué frîza dé sa natûra :
Antâou l'a Cupidounét.

Qué sas Ussas soun poulîdas !
Ay ! qué soun bén aroundîdas !
Per môïa s'oun las dirias
Virâdas émb'un coumpas.

Ét sous Yols, coûma lous réndre ?
Coûma té lous-dépégni ?
Save pa coûma m'én préndre ;
Mais, sé vos bén réüssi ,
Pîntra lous dé Cithèrèa,
Quand Adonis , soun ami ,
Sus soun sén végnè moùri.

Ou sé, nouvèl Prométhèa ,
Aou Ciel podes t'agandi ,
Per imita sas prunèlas ,
Vây-t-én râouba dos Éstèlas
Dé las qu'on yé véy luzi.

Sé vos fàyre sas Gâoutétas ,
Dâou lach , véja , an la blancou;
Ét jamây poumas-rèynétas
N'âouran pu bèla coulou.

Sé né siès à sas Bouquétas ,
Qué dé bèoutas à pintra !
Lou Diou dé las amourétas
Gnoch ni jour s'én lèva pa.
Fây-las , qué mous yols crézégou
Qué Lîza cèrca un poutou ;
Ét qué san-cèssa parégou
Mé sourire émbe douçou.

Qu'à l'éntour dé sa barbéta
Vèngue fadéjâ l'amour ,
Én ménan per la manéta
Toûta sa jouïoûza Cour.

Fây briïa sù sa râoubéta
La poûrpra énïassâda à l'or ;
Mais , sé tapes soun bèou corp ,
Lâyssa éspinja sa cambéta.

Moun Ami, qu'as dé talan !
O surpréza ! ô jôïa éxtrèma !

Aco's Lîza.... és Éla-mèma;
Ét lou Pourtrèt és parlan.

LOUS MALHUROUSES.

Énsach din lou génre Anachréontique.

Save dé Mûzas coriâças
Qué sé plâzou din las furous ;
D'âoutras qué soun pas jamây lâssas
Pourvu qué rîmou dé cansous ;
Quand à la mîouna, bèla Lîza,
Céssariè pa ni gnoch ni jour,
Pourvu qué cantèsse à sa guîza
Lou jus dé la tréïa ét l'amour.
    Malhurous lou qué sé créy sage
Én n'ajén pas jamây âymat ;
Pu malhurous lou qu'à moun age
Émbé Bachus n'a pa trépat.
    Malhurous quâou chout ûna tréïa,
Émbé sa Lîza un soir d'éstîou,

N'a pa vouydat quâouqúa boutéïa
Én l'hounou dâou pu poulit Dîou.

Pu Malhurous quâou sus lou trone
Per lou déstin s'és vis pourtat,
Per tant dé tracas qué sé done,
Dé tout lou mounde és pas âou grat.
Per yéou moun Rouïâoume és Lizéta,
Ét moun Trone és ûna boutéta,
Souy-ti lou pu mâou partajat ?

Malhurous lou jouyne émbécille,
Qué déchout soun couver tranquille,
Pouriè sé douna dé bon tén ;
Ét qu'ûna marôta ambicîouza,
Ména sus la mar bourascoûza
Per ana campéjâ d'argén,
Qué fujis sus l'halé dâou vén.
Ounte-vas, moun camaradéta ?
Ounte-és qué vas ? Vas quère d'or ?
Créy-mé, l'ami, vîra dé bor ;
Éngâoujîïa quâouqua fiïéta
Coûma ma Lîza poulidéta,
Ét eerques pa d'âoutre trézor.

Pu Malhurous aquél Avâra
Dassétous sus soun cofre-for :
Lou véyrias qué sanbuôu soun or ;
Mais pénsa pa lou vièl tartâra,
Qué déman bélèou séra mort.

Qué noun prén méstréssá poulìda ?
Ét qué noun buôu quâouques copés ?
Aqui cé qu'alônga la vîda ,
Ét cé qué fây fôça mouqués.
  Malhurous aquél Militèra
Qué s'énvây afrounta la guèra,
Ét sé fâyre coupa lou col ;
Déou permôïa èstre véngut fol :
Per nous tua sèn-ti sus tèra ?
La vida és prou coûrta , mardi !
  Quand din toun corp , (créy-mé l'ami)
Sét dé la gloîra sé révéïa,
Damoûssa lou din ta boutéïa ,
Per yéou la gloîra m'éblouïs ,
Ét lou bon ví mé réjouïs.
  Pu Malhurous loú Mizantrôpa
Qué sans amîgas , sans amis ,
Aou foun das bosses s'éncouris ;
Aou traver dé soun microscôpa ,
Lou pâoure argnous véy tout én mâou ;
Dé qué sé mèla aquél nigâou ?
S'un cop dé bon vi lou téntâva ,
Sé din soun âma quâouque jour ,
Lou manit qu'apélan Amour
Per un moumén sé fâoufilâva ,
Dé gâma alor chanjariè lèou ,
Ét véyriè pa purés qu'én bèou.

Dé té dire dé Malhurouzes,
Chèra Lîza, finirièy pa;
Mais din tous bèous yols piètadouzes
Véze qué siès prèsta à ploura.
Bouja-mé, bôta, ûna razâda,
Et faguén-nous ûna brassâda:
Fourbie lou malhur quâou poura,
Vole pa qué bûoure ét t'âyma.

CONFESSION DE ZULMÉ

TRADUITE DU FRANÇAIS

De Mr **GINGUENÉ**, *de l'Institut National.*

COUNFÉSSIOUN DÉ ZULMA.

Dé qu'éxijas, bèla Zulma?
Quâou yéou, qu'ane éspépidéjâ
Lou finfoun dé vôstra counciénça,
Ét qué d'un air sérious vous pogue administra

Lou sacramén dé péniténça ?

Yéou counféssou dé la bèoutat !

D'un sage diréctur ay-ti dounc l'aparénça?

L'air doucérous, la gravitat ?

Ay-ti surtout ûna âouréïa aguérrîda

Côntra lous timides avus

D'ûna péniténta poulîda ,

Qu'én roujiguén bâyssariè sous yols blus?

Sé vous m'anas counta d'ûna vois aténdrîda

Quâouqu'un d'aquéles bèous pécas

Qué fan passa doûça la vîda ,

Qué dévéndrây? din moun téndre émbaras ,

Un démoun séductou d'ûna coupâbla flâma

N'émbrazara-ti pa moun âma ?

Ét vostre nouvèl diréctur

N'aprouvara-ti pa, din lou foun dé soun cur ,

Tout-aquélas fâoutas tant bèlas ,

Qué sa boûca, à régrèt, vous dira criminèlas?

Hélas ! Zulma, n'où séntisse qué trop ,

Tout ramplit qué sérây dé la grâça éficâça,

Crénisse bén dé pa para lou cop ,

Din lou counféssiounal sé mé fâou préne plâça.

Mais anfin où voulès , m'énvâou vous oubéï:

Tout nouvice qué souy dins un parèl afâyre ,

Qué farièy pas din l'éspoir dé vous plâyre ?

Prépara-vous, ma sur , la grîïa vây s'ouvri.

Couméncén. A l'ourgul vous sérias-ti livrâda ?
 Où créyrièy prou : charmânta coûma vous ,
 Quand dé chacun on sé véy adourâda ,
 Et quand chacun vous dis mîla douçous ,
A tout-hoûra dàou jour quand on és éncénçâda ,
A l'éncén quâouquafes on pot bé préne gous.
A travèr lous plézis ét sans la méndra péna ,
Vers lou piège troumpur , Zulma, tout vous
   énména :
 Et lou miral qué rénd vôstra bèoutat,
Et lous téndres régars , ét las trop doûcas lârmas
D'amourouzes sans fin qué vous cèdou las ârmas ,
 Et vostre sâoupre , ét vostre air dé bountat
  Qué séduis lou pus argoutat,
  Et vôstra tâïa dé Dééssa ,
Et vostres poulis yols , ounte on véy la finèssa
  Espéli , mouri tour-à-tour ,
  Per fâyre plâça à la noubléssa ,
  Et la noubléssa à la langou d'amour :
Atabé vous éscuze aquél pâou dé fébléssa ;
L'umilitat counvèn, mais à quâouqu'un dé lour.

 Continuén. Sès-pas AVARICIOUZA ?
 Né roujissès ? Ah ! Qu'avès bén rézoun ;
Dé las fâoutas , ma sur, aco's la pus hountoûza,
Fâouta, qué dins l'Anfer mânda sans rémissioun.
És-pa lou tout qué lou Cièl per vous plâyre

Vous aje counfiïat lous trézors dé l'amour :
   Souvénè-vous qué réspoundrés un jour
   Dé tout lou bén qu'âourés pa vougut fâyre.
      Mais pourtan tranquiliza-vous,
      Zulma, las pus grândas érrous
      Un bon répénti las répâra ;
      Lâyssas én lây vôstras rigous ;
Ét sans trop proudiga vôstras doûças favous,
   Garda-vous bén dé jamây n'èstre avâra.
Lou pécat das GROUMANS, parla-mé sans détour,
   Es-ti lou vostre?   aco sériè doumage !
Vôstra boûca és d'un Dîou lou pu charmant
         ouvrage :
Ét quand d'un pur coral né fourmèt lou countour,
      Èra per un pu digne uzage ;
Vous la dounèt, Zulma, per lou téndre léngage ,
Lous soupirs , lous avus...... lous poutous dé
         l'amour.

      Sé quâouquafés dé la COULÈRA
      Avès résséntit las furous,
      Quâouque trop ardit amourous,
      Éntréprénén per caractèra,
Dé vostre cur san doute aviè troublat la païs.
Zulma, vostre courous n'èra pa légitime ;
   Las dé vostres réfus , bâou dé vostres atrais ,
Dé soun ardièssa anfin perqué yé fâyre un crime?

                              15

Crézè-mé , vous fachés papus
D'ûna câouza tant naturèla ;
Lou réspèc qué chacun a per vôstras vertus
Fày plâça à quicon mây én vous véjén tan bèla :
Éh ! quâou pouriè rézista ? pa dégus.

Vôstra âma dé L'ÉNVIA âouriè..... vous énvioûza !
Dé quâou voudrièy qué séguèsses jaloûza!
Lou Cièl oublidèt-ti qúicon à vous douna?
Én talans, én bèoutat n'avès pajés d'égâlas ;
D'un séntimén tant bas pourièy vous soupçouna!
Ah ! n'és pa fach qué per vôstras rivâlas.
Counouysse un pécat mén afrous
Qu'és , créze fort, dé vostre gous ;
Pécat, qué mây d'ûna fïïéta
Éntre sous dous lénçôous coumés souvénsouléta.
Bayssés pas vostres yols, vous éspôourugués pa,
Qu'aco n'alarme pa vôstra délicatéssa ;
Aquél pécat , Zulma...... n'és pa qué la PARÉSSA.
Cerqués pas à vou'n courija :
Ét quand lou jour couménça à pounjéjâ ,
Sé dé l'Amour l'halé vouluptuoûza
Dins un sounje poulit s'amûza à vous bréssa ,
Pogue aquéla méssôrga huroûza ,
Per lou bén dé l'humanitat,
Vous fàyre préne gous per la réalitat !

O Zulma! ma missioun és anfin terminâda;
Mais n'és pa sans régrèt qué finisse tant lèou.
   Dé sièy pécas sès counféssâda:
Né rèsta pourtan un..... dé toutes lou pu bèou !
Sé das vostres la lîsta és d'aquél âouméntâda,
   Noun-soulamén vou'n done absoulucioun,
   Mais, én favou d'un pécat tant mignoun,
Das âoutres, à la fés, sès tabé perdounâda.

TABLA.

CONTES.

ERRATA.

Page 26 Ligne 22 ïssan ,   *lisez* ïssan.
      28   11 ou   on
      29   14 rézounâva. rézounâva ,
      42   4 bègue   bègue ;
      47   24 sou   soun
      61   8 d'ân   d'un
      71   19 briïarès   briïarés
      88   1 plàydéjdà   plàydéjà
      id.   *id.* éssus   déssus
      101   8 à la   a la
      104 après aquéste vers , *Ma charmânta , etc.* , ajustas :
           Câlma ta doulou cruèla ,

N. Le Lecteur trouvera encore quelques autres légères fautes de ponctuation et d'accentuation qu'il voudra bien corriger.

www.ingramcontent.com/pod-product-compliance
Lightning Source LLC
Chambersburg PA
CBHW071832090426
42737CB00012B/2231